七塔报恩丛书

七塔寺史话

（修订版）

白玉凯 著

上海社会科学院出版社

莫为之前,虽美而不彰;莫为之后,虽盛而不传。

——韩愈《与于襄阳书》

1929年，圆通宝殿香炉（同治癸酉年〈1873〉仲秋铸），
张树武　摄，原图载于《图画时报》

七塔寺佛殿，原图载于《苏浙见闻录》，〔日〕来马琢道，1913年

七塔寺钟楼，原图载于《苏浙见闻录》，〔日〕来马琢道，1913年

同治十年（1871）建，大雄宝殿，原图载于1937年《七塔寺志》

晚清建，七浮图，原图载于1937年《七塔寺志》

晚清建，法堂暨藏经楼，原图载于1937年《七塔寺志》

晚清建，三圣殿，原图载于1937年《七塔寺志》

晚清建，钟楼，原图载于1937年《七塔寺志》

山门及天王殿，原图载于1937年《七塔寺志》

七塔，1962年摄，原图藏于中国建筑设计研究院建筑历史研究所

20 世纪 70 年代圆通宝殿

2002年，七塔禅寺全景

2016年,圆通宝殿北面,王坚 摄

2016年，慈荫堂与玉佛阁，王坚 摄

2016年，三圣殿，王坚 摄

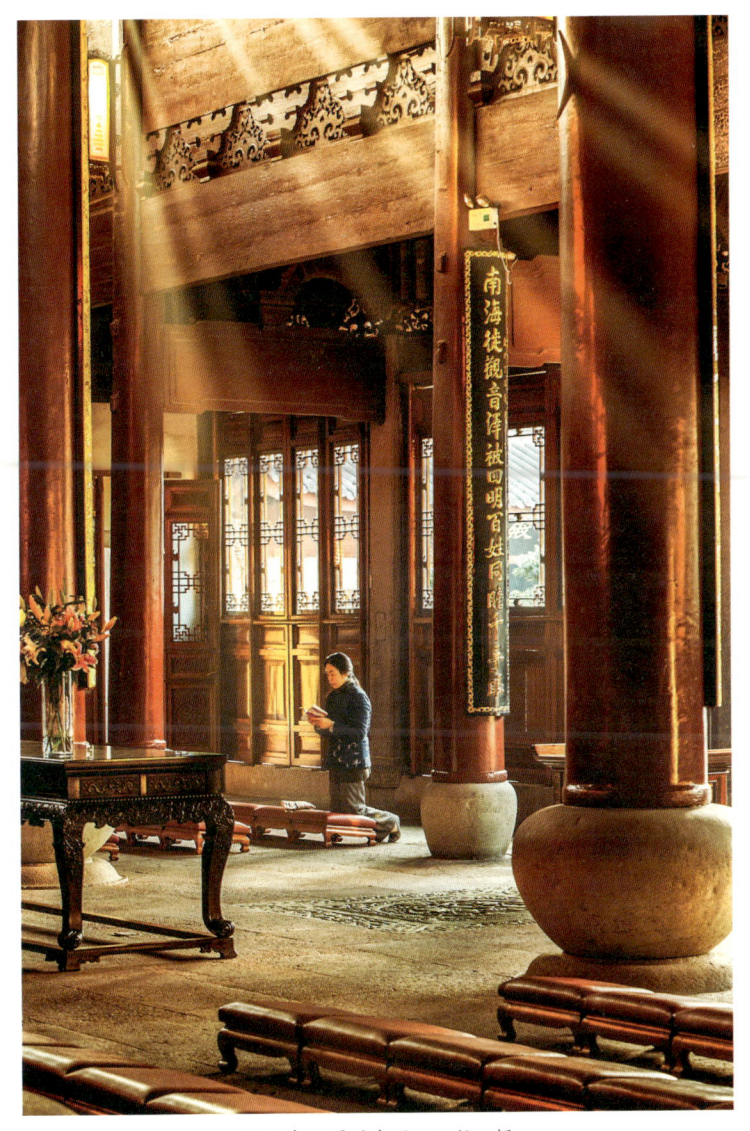

2016年，圆通宝殿，王坚 摄

2016年，礼佛的女子，王坚 摄

2016年，长廊，王坚 摄

2016年，山门，王坚 摄

2017年，三圣殿，王坚 摄

2017年，心镜禅师舍利塔，王坚 摄

2017年，栖心图书馆，王坚　摄

2019年，禅堂，王坚 摄

2019年,栖心图书馆:即喧即寂,王坚 摄

2019年，五观堂，王坚 摄

2019年，圆通宝殿，王坚 摄

2021年，山门七塔之一，王坚 摄

2022 年，韦驮殿，王坚 摄

2023年，放生池，白玉凯 摄

2023年，天王殿与普门柱，王坚 摄

2024年，大殿一角，王坚 摄

2024年，七塔禅寺全景，孙丰立 摄

修订版序一

  甬城七塔禅寺为浙东名刹，始建于唐，千年沧桑，其间虽历经劫难，感佛祖之庇荫，仰信众之支持，至今幸存于世。如今古刹重光，辉煌再现，遗法再兴，可祥法师主持其事，诚大功德也。此中诸多事端，均涉及弘法伟业，后世人不可不知。又白玉凯君编撰《七塔寺史话》一书，千年古史，详细考订，祖师事迹，重加彰显，轶闻传说，亦搜罗其中，并附以图片，上承陈寥士居士编修之《七塔寺志》，而语文更加通俗，功莫大焉。今可祥法师传来书稿，小子不敏，略缀数语，敬表随喜赞叹之意也。

王邦维甲辰孟夏撰于北京大学燕秀园

修订版序二

  历史既是一个民族的记忆，也是一个民族的根基；既潜藏着一个社会进步的不朽灵魂，也蕴含着一个国家发展的不竭动力；既保存着先人留下的珍贵遗产，也积累着今人砥砺前行的坚实基础。史书提供记忆、评价、经验、教训、智慧，让读史之人"知所从来，方明所去"。作为宁波建城史的亲历者，七塔禅寺与三江口等历史古迹一道见证着甬城"向海而生、多元共处"的传统，它承载着悠久的城市历史，是地域佛教文化的缩影，也是宁波在"海上丝绸之路"对外交流板块中的一个重要遗产点。

  习近平总书记指出，"一个国家、一个民族的强盛，总是以文化兴盛为支撑的"，实则一座寺院也不例外。重视文化建设,既是寺院传承优秀传统文化的必经之路,也是树立寺院良好社会形象的关键所在。对七塔禅寺僧信两众而言,推进文化建设,坚定文化自信,要根植于对道场文化底蕴的了解,要同自身既往做纵向比较,力求精进,而非盲目横向攀比、求全责备。正所谓"不积小流,无以成江海",文化建设想要实现质的飞跃,就要从量的积累做起,我们敦请白玉凯博士撰写《七塔寺史话》正是七塔寺践行"文化兴寺"发展战略的一个具体行动。

鉴往知来,向史而新。我们发起编纂《七塔寺史话》,旨在以历史为依据,以历史叙述、历史解释和历史评价为形式,将七塔禅寺之重要史实和人物事迹汇成作品,通过文字记载的方式将这座千年古刹兴衰更迭的多个面向一一记录下来。《七塔寺史话》精彩的文笔和翔实的内容,带领我们领略千余年源远流长的历史文化,既切实了解到近现代多位高僧大德驻锡在此时所作的丰功伟绩,更能深刻感受到七塔禅寺历史的厚重与文化的沉淀,全面展现了前贤创业之艰辛、中兴之不易、守护之艰难,让我们对七塔禅寺的历史有了更深层次的理解和感悟,足使七塔僧信两众感铭于心、精进不懈,不断提高自身能力,使七塔禅寺成为新时代佛教中国化都市丛林示范场所。

由于作者选材视角独特、架构精巧、文笔雅致，展示了一座既传统又现代的千年古刹画卷，故该书备受读者青睐。2019年1月，《七塔寺史话》一经问世，颇获学界称赏。张雪松副教授评论："古刹越千年，七塔寺的史话既是中国佛教的一段真实历史，也是寺院古德的满卷趣味故事。赓续历史文脉，谱写当代华章。"张凯副教授评论："博观约取，稽古振今，文史兼通，雅俗共赏。"李文国先生评论："是一部将文学性和趣味性贯穿于史料的优秀读本，对千年名刹是一笔厚重的文化交待。"静贤法师评论："作者立足史实，考镜源流，以善巧的语言细致梳理了浙东古刹七塔寺的前世今生，嘉惠学林，受用无尽，是不可多得的一部佳作。"中国宁波网报道称："《七塔寺史话》一书，不仅兼具文学和学术价值，还通过对史料的深度挖掘及对寺院诗词楹联等优秀文化的解读，对打造地域文化品牌、展示地域文化自信起到了积极的推动作用。"

白玉凯博士秉持追求卓越、精益求精的治学态度，本着存史于后人的高度责任感和使命感，修订书中个别错谬字句，融摄近年来新见七塔禅寺重要史料，令此书内容更丰富，可读性更强。成一事,非有锲而不舍的精神不能。为志坚者而歌,为善作且善成者而赞。

诚殷应邀,赘述数言,以为之序!

可祥识于浙东佛教文化研究院

二〇二四年五月十九日

序

唐长庆元年（821），明州州治迁往三江口，并建城池，此为宁波建城之始。厥后三十七年（858），于城东五里许，有寺继起，即今七塔寺。七塔寺在唐曰栖心寺、东津禅院，在宋曰崇寿寺、神霄玉清万寿宫、栖心崇寿寺，在明曰补陀寺，在清曰七塔报恩禅寺。自建院以来，我七塔寺传灯续焰，龙象辈出，一脉不绝，十方称颂。举其著者，远有唐懿宗李漼赐号建塔，宰相裴休题匾捐帛，近有中兴祖师慈运长老请藏传戒，光绪皇帝钦赐寺名，更有赵朴初居士与桂仑长老机锋交错，相知相得，洵为佛教史之美谈。

语云"寿则多辱"，名之所至，毁亦随之。七塔寺沐千年风雨，灾难与辉煌并起，屈辱与荣耀共存。近世经太平天国运动、"文化大革命"两次动荡，所藏文献典籍毁失殆尽，后之读者欲求其细末者，已无所由矣。大道无言，借文籍以承载；世事隆替，须典纪以流传。先住持溥常法师深惟历代祖师言行，堪为缁素模范，惜乎向无记录，如浮云过眼，虽世殊事异，犹有不能道其仿佛者，故人多见忘，遂嘱宁波陈寥士居士编修《七塔寺志》，举凡寺之创立、颓坏、中兴，及历代大德高僧之言行，有可记录者，分科别类，细大不捐，皆铭诸简牍而昭垂久远也。

以佛法论，凡物之性，固不免成住坏空，然末法众生，执空为有、以幻为实，故宁愿空诸所有，慎勿实诸所无，且太上立德、其次立功、其次立言，仁人君子所乐为襄赞倡导者，故知世出世法，其揆一也。然《七塔寺志》既书以文言，又失于简略，且于现代，尤其改革开放以来七塔寺气象之新逮不及见，故于一般读者信众未见其宜。前人有未了之事，后人有继起之责，兹有嘉兴市委党校白玉凯博士妙笔生花，爬罗剔抉，于雪泥鸿爪间见吉光片羽，遂将七塔寺水源木本，放逸旧闻，娓娓道来，俾有志于了解本寺文化、历史之贤明读者得偿所愿。

是为序。

可祥于七塔报恩丈室
2017年3月18日

目 录

修订版序一 *1*

修订版序二 *1*

序 *1*

第一章 甬上名蓝 *1*

    第一节 宁波佛教概况 *2*

    第二节 七塔寺历史 *11*

    第三节 七塔寺建置 *50*

    第四节 七塔寺宗风 *59*

第二章 法门龙象 *74*

    第一节 心镜禅师 *75*

    第二节 慈运大师 *92*

1

第三节　月西法师　　　　　　　　　*113*
　　　第四节　桂仑禅师　　　　　　　　　*129*

第三章　人文圣境　　　　　　　　　　　*151*
　　　第一节　诗作唱和　　　　　　　　　*152*
　　　第二节　法语开示　　　　　　　　　*159*
　　　第三节　楹联匾额　　　　　　　　　*173*

结　语　　　　　　　　　　　　　　　　*182*

附录一　七塔寺大事年表　　　　　　　　*185*

附录二　七塔寺图片史料　　　　　　　　*229*

附录三　七塔寺文物　　　　　　　　　　*249*

附录四　七塔寺重要文献　　　　　　　　*253*
　　　一、报恩堂宗谱序　　　　　　　　　*253*
　　　二、报恩堂法规　　　　　　　　　　*254*

附录五　相关论文　　　　　　　　　　　*257*
　　　千载胜缘逢盛世，好将佛事助文治
　　　——评《栖心图书馆聚珍辑刊》(第二辑)　　*257*

深入践行"第二个结合",积极推进佛教中国化进程

——以七塔禅寺文化建设为例　　271

藏在历史里的细节

——从《报恩佛学院院刊》看20世纪30年代的

七塔禅寺　　281

主要参考文献　　299

后记　　301

修订版后记　　305

第一章

甬上名蓝

唐长庆元年（821），明州州治迁往三江口，并建立子城，若以此为宁波建城之始，宁波城即有一千一百九十六年的历史。此后三十七年，即唐大中十二年（858），七塔寺前身东津禅院在宁波城东五里左右之地建立起来。因而可以说，七塔寺的历史几乎和宁波的建城史一样长。为使钝根下器的僧众免受俗世的诱惑，静心修禅，佛教寺院一般都建在远离市区的深山密林中，远离闹市区，唯七塔寺地处宁波市中心地带，四周灯红酒绿，车水马龙，热闹非凡。七塔僧众身处闹市，却能心不染尘，像一颗定风摩尼宝珠，安抚着混乱浮躁的世道人心。

第一节　宁波佛教概况

宁波位于浙江省东部，北接杭州湾，西连绍兴，南濒台州，东北则与舟山群岛一衣带水，隔海相望，是海上丝绸之路的始发港。宁波，取意"海定则波宁"，简称"甬"，周朝时已有此称号。因境内有山形似覆钟而得名甬山，甬江之名源自甬山。七千多年前，一代代先民就在此繁衍生息，创造了光辉灿烂的河姆渡文化。由于宁波地处沿海，因而与朝鲜、日本以及东南亚各国的交流历史十分悠久，尤其是唐宋以后，宁波更是成为中国对外经济贸易和文化交流的重要窗口和辐射中心点，而这种对外交流与辐射的主要内容之一，就是中外佛教交流。

佛教自东汉明帝时期传入中国，经过与中国本土文化的砥砺融合，逐渐成为中国传统文化的重要组成部分。宁波东南形胜，毓秀钟灵，吸引着一代代高僧大德在此振锡驻足，因而自古以来就被誉为"东南佛国"。佛教在宁波地区的发展，大致经历了一个兴起、繁荣、衰落、中兴、再衰落、复兴的过程。

佛教西来，经过百余年发展，至东汉年间，中书郎张齐芳弃官隐居于灵山，后舍宅为寺，名"灵山寺"，即今报国寺前身。后又有僧人普定结社灵峰山，设像行教。三国吴赤乌二年（239），吴国太子太傅阚泽建立宁波历史上第一所佛教寺院——普济寺。此后，五磊寺、吉祥寺等寺庙相继在宁波建立，为佛教在宁波乃至浙东的发展打下了坚实基础。魏晋南北朝时期是宁波佛教的初步发展时期。此时，浙东佛教的中心地区尚在绍兴，但是随着普济寺、吉祥寺、阿育王寺、天童寺的建立，以及宁波余姚、奉化、宁海、象山等地相当数量佛教寺院的兴起，大量僧人涌入宁波，讲经说法，开宗立派，宁波佛教进入第一个兴盛时期。西晋时，并州离石（今山西省离石县）人刘萨诃（僧名慧达）得佛舍利宝塔，于是结茅守护，是为阿育王寺之前身。僧人义兴在鄞县东谷结茅为庐，潜心静修。相传太白金星曾化身童子，侍奉左右，故后人又尊义兴为"太白祖师"。义兴结茅为庐之地，即今天童寺之前身。东晋时期，大乘般若空宗流行，由于各家解释不一，因而渐成"六家七宗"，其中宁波独占其四。南朝梁武帝时期，慧达结茅处始获赐名"阿育王寺"。梁武帝对阿育王寺极为重视，不但改建浮屠，铸造铜佛铁鼎，而且免收阿育王寺的田赋，阿育王寺遂渐成浙东名刹。

东汉和魏晋南北朝时期的佛教寺院主要是结茅自修，规模狭小，且多无寺院（庵）之名。这种情况在隋唐时期得到了极大改观。以天童寺为例，其前身为义兴结茅自修处，经多次迁址、扩建，至唐懿宗时期，终于发展成为著名的十方丛林。三国时期的普济寺至唐初已经毁坏，宣宗时复建，取名德润院，僖宗时敕赐"应天德润寺"。奉化雪窦山瀑布院于唐昭宗时得明州刺史黄晟赐田一千三百亩，遂置宝丰庄，并建房屋数百间，成为著名禅院。此外，奉化崇福院、余姚龙泉寺等寺院也有不同程度的扩展。与此同时，宁波地区新建寺院也如雨后春笋一般出现。仅据《宝庆四明志》《宁海县志》《余姚县志》统计，有唐一代，宁波地区新建寺院有一百三十七所，其中不少后来发展成为著名寺院，如建于大中十二年（858）的东津禅院（即今七塔寺），发展至近代，成为与天童寺、阿育王寺和观宗讲寺齐名的浙东四大丛林之一，七塔寺法派的影响也遍及全国和南洋、日本、韩国、印度等地。此外，国宁寺、灵山禅院、智度寺等古刹在历史上也颇有盛名。

隋唐五代时期是中国佛教发展的一个重要时期。佛教经过魏晋南北朝时期与中国本土文化的砥砺交融，终于在隋唐时期形成了中国化的佛教形态。

隋唐时期的宁波，在行政编制上仍隶属会稽郡，交通十分闭塞，直到唐朝后期才独立建州，相比于同处浙东地区的绍兴、台州等地，仍然十分落后，三论宗、天台宗、华严宗等佛教宗派并没有在宁波发展起来。直到唐代，禅宗才传入宁波。德宗年间，马祖道一的弟子法常结茅大梅山，将马祖"即心即佛"的思想传入宁波。昭宗年间，马祖道一的三传弟子常通住持瀑布观音院，倡导禅宗南宗"言语道断，心行处灭"的宗风，标志着禅宗开始在宁波传播。加之江南地区政治、经济相对稳定，以及统治江南的钱氏政权对于佛教的崇奉，宁波佛教的发展也随之进入了兴盛时期。宁波佛教的兴盛表现为原有寺院规模的扩大、新寺院数量的增加以及禅宗和观音信仰的传入。唐代时，日本僧人慧锷从五台山请观音像回日本，行至普陀时，波浪掀天，船不能进。慧锷乃置像结茅，后扩大为寺，即今不肯去观音院。此外，雪窦寺由瀑布院改名为瀑布观音院，大梅山禅定寺改名为观音禅院，以及许多以"观音院"冠名的寺院的出现，标志着观音信仰传入宁波。

经过三武一宗灭佛，主要依靠教义和经典传播的佛教宗派，如天台宗，受到致命打击而一蹶不振。宋元四百余年是佛教在宁波最为繁荣的时期，其繁荣表现为天台宗的中兴、禅宗的鼎盛、净土信仰的流行和"家家弥陀佛、户户观世音"的出现。北宋年间，高丽僧人宝云义通应四明郡守钱惟治礼请，留在明州弘法。义通于明州弘法二十年，学宗天台，行归净土，被尊为天台宗十六世祖。经过其弟子四明尊者、慈云遵式的努力，天台宗终于在四明地区中兴。宋仁宗年间，明觉重显住持雪窦资圣寺，将"不立文字，教外别传。直指人心，见性成佛"的禅宗转变为阐扬禅机、不离文字的文字禅，其《颂古百则》经圆悟克勤编辑整理为《碧岩录》，成为禅宗第一奇书，明觉重显也因此被誉为云门宗中兴之祖。高宗年间，临济高僧圆悟克勤的弟子大慧宗杲住持阿育王寺，倡导看话禅，以公案话头引导学者参悟禅理，成为临济宗杨岐派著名高僧。曹洞宗第十世祖天童中兴祖师宏智正觉反对话头禅，主张静坐观心，提出与看话禅有别的默照禅，成为与文字禅、看话禅鼎足而三的禅学流派。宋以后，禅宗、天台宗、律宗学者大多兼弘净土。净土信仰的流行与天台宗在四明地区的发展关系极为密切，宝云义通禅净双修，以净土为归宿。净土信仰的发展带动了以净土念佛为主要内容的法社的出现。当时宁波的水陆道场法会，就是受净土结社的影响产生的，它融合了超度亡灵、孝养父母、现世利益和净土往生的观念，在民间流传至今。此外，观音信仰与弥勒信仰在宁波地区也流行开来。

宋元时期宁波佛教繁荣的另一个表现，就是随着明州港的兴起，宁波逐渐成为中外佛教交流的中心区域之一。宁波佛教的对外交流可追溯到唐代，当时有不少日本僧人来明州地区求法。五代后唐时，僧人子麟赴高丽和日本弘法，寻访天台教籍，成为宁波历史上首位出国弘教的僧人。宋以后，天台宗、临济宗和曹洞宗由宁波传入日本和高丽。许多来宁波参访的日本僧人归国后，都创立了各自的宗派。宁波地区的僧人也积极外出弘法，这一时期的主要目的地是日本，他们在日本创立了各自的佛教宗派和寺院。宋代以后，佛教在宁波地区进入鼎盛时期，形成禅宗、天台宗和净土宗相互融合的"江东佛教"格局，成为浙东佛教的中心地区。

逮至明清时期，中国佛教的发展呈现出一种颓圮式微的趋势，在这种大趋势之下，宁波佛教的发展也难独善其身。明清时期的天台宗延续了元朝衰落的趋势，这或许是因为相比于天台宗，禅宗和净土宗对典籍和义理的依赖较轻，更注重参学者自身的体悟和实践，因而更容易在社会下层流行。这一时期的天台宗僧人长于辞赋，在义理方面却建树无多。这一时期佛教发展最为出彩的是临济宗。密云圆悟不但重修了天童寺，奠定了天童寺今天的规模，而且继承和发展了百丈怀海的"农禅合一"思想，致力于看话禅和棒喝宗风，被誉为临济中兴之祖。同时，净土宗在明代也获得了进一步发展的空间，禅宗、律宗、华严宗、天台宗等无不以净土为归旨，兼修念佛法门。净土宗发展之盛，到清代甚至有取禅宗而代之的趋势。其中缘由，部分是雍正皇帝和乾隆皇帝的大力扶持，部分是净土法门简单易行，使其更容易成为世俗学佛的首选。

近代以来，随着佛教世俗化程度的加深，僧人中也出现了末法时期[1]的种种劣迹，正如太虚法师所说，"元明以降，律仪隳弛，教义淹晦，宗门亦漓为大话欺人之口头禅"。为挽救佛教

---

[1] 佛教发展可分为三个时期，即正法时期、像法时期和末法时期。各期期限，所说不一，但大多以为正法五百年，像法一千年，末法一万年之说。正法时期，佛虽灭度，法仪未改，有教有行，有证果者；像法时期，有教有行，但证果的人已经很少；末法时期，佛法颓微，有教无行，更无证果者。

发展的颓势，一大批教界有识之士掀起了佛教改革的浪潮。江浙地区就是佛教复兴运动的主要区域，不少宁波籍高僧为此积极奔走，广泛动员，不但开辟了中国近代佛教的新气象，而且奠定了宁波佛教在民国佛教中的地位。在教界有极高威望的八指头陀寄禅长老在中国首开佛教办学之风，其高足太虚大师则主张教理、教制、教产"三大革命"，佛僧、佛化、佛国"三佛主义"和学僧、职僧、法僧"三级僧制"，倡导"人间佛教"，成为新佛教运动的领袖人物。寄禅长老的另一高足圆瑛法师，则在七塔寺接慈运法师衣钵，成为临济宗第四十世法子，他于1929年发起成立中国佛教会，并膺任首任会长。谛闲法师开创观宗讲寺，成立观宗学社，并亲任主讲，造就僧才极多，使衰微的天台宗一度得以中兴，观宗寺也因此成为台宗名刹，后经过宝静法师苦心经营，观宗寺终于在民国时期成为宁波四大佛教丛林的执牛耳者。七塔寺在溥常法师的主持下，成立了报恩佛学院，并刊行《七塔报恩佛学院院刊》。此外，女子佛学院、佛教居士林、佛学研究所以及佛学刊物的大量出现，标志着宁波佛教迎来了中兴。宁波佛教的这一"小阳春"，与民族资本主义的发展密切相关，许多大企业家乐助佛教事业的发展，寺院活动有着充足的经费。但随着全面抗战的爆发，中国的民族资本主义受到严重打击，企业家自顾不暇，不事生产的寺庙赖以维持运转的布施资金因之断绝，各项活动无法展开，甚至连正常的佛事活动都难以为继，各大佛教丛林相继止单，只有观宗寺苦撑危局。直至抗战胜利，这一状况也未得到根本改观，经济萧条、时局动荡下的宁波佛教仍旧举步维艰，此时发起成立的讲舍、刊物等均以失败告终，宁波佛教重又陷入危难之中。

中华人民共和国成立后，人民政府实行宗教信仰自由政策，宁波佛教宝镜重光，法炬复燃，各大寺院纷纷成立寺务管理委员会。1951年，由月西法师担任主任（后改为会长）的宁波市佛教协会成立，这是中华人民共和国成立后的首个佛教协会。在协会的领导下，宁波佛教事业得到了长足发展，吸引了喜饶嘉措、班禅额尔德尼·确吉坚赞大师、郭沫若等一大批教内外知名人士前来讲学、参观。1958年，宁波佛教界接受社会主义改造，大量僧尼被迫还俗，未还俗的被集中到七塔寺，进行生产自救，宁波佛教道场完全废止。"文化大革命"期间，宁波佛教再遭浩劫，宗教政策受到破坏，佛教信仰被禁止，僧尼被迫还俗，寺院被拆除或移作他用，大量的佛像、典籍、法物被毁坏。中共十一届三中全会后，党的宗教政策得到落实，宁波各大寺院重新成立寺务管理委员会，政府相关部门也逐一核实归还寺院房产、查抄物资等，并拨出大量专款，修复开放了一大批佛教寺院。1983年，天童寺、阿育王寺和七塔寺均被列为全国汉族地区佛教重点寺院，对国内外佛教界产生了很大影响。佛教的对外交流活动也在这一时期重新展开，1979年7月，日本日中友好佛教协会事务局松本大圆、永平寺副寺中村胜光一行七人参访天童寺，标志着宁波佛教再度揭开对外交流的历史篇章。

第二节 七塔寺历史

七塔寺之得名，缘因山门前有七座石质佛塔。一千多年间，七塔寺经风沐雨，却每每浴火重生，至今仍然熠熠生辉。它的每一件静默的文物，每一株摇曳的草木，甚至每一丝氤氲流动的空气，都在讲述着一千一百多年跌宕起伏的历史故事。

唐　代

作为一种外来的文化，佛教西来伊始，在与中国本土文化相互融合借鉴的同时，也始终受到中国本土文化的极大抵触和隔膜，这种抵触和隔膜的极致状态，引发了佛教自身的三次灾难，即历史上著名的"三武灭佛"。"三武"，即北魏太武帝、北周武帝和唐武宗。单以唐武宗论，如果说日益严重的经济纠纷、政治斗争和文化冲突是唐武宗灭佛的必然因素，那么武宗个人的宗教喜好则是引发这场浩劫的偶然条件。早在登基之前，武宗一方面对道教怀有浓厚的兴趣，痴迷于道教的各种传说与仪轨；另一方面，他对佛教以及与佛教相关的一切事物似乎都怀有刻骨的厌恶和仇恨。日本僧人圆仁在他的日记中这样写道："今上偏信道教，憎嫉佛法。不喜见僧，不欲闻三宝。"在登基即位后一个月，武宗便下诏将老子诞辰定为降圣节，并规定全国放假三天，以为纪念。他还在禁中三殿修金箓道场，由赵归真带领八十一名道士为自己祈福。没有一个和尚被请进宫里，也没有一座佛教寺庙得到新皇帝的垂青。

从北魏开始，每逢皇帝寿辰，都会邀请儒、释、道三家代表齐聚宫中进行辩论，这种习俗被称为"诞辰谈论"。这一形式在唐早期被终止，后又在高宗时期恢复。在武宗生日这一天，两名僧人与两名道士照例被召进宫，辩论结束后，武宗将代表最高荣誉的紫袍赐予道士而不是僧人。自代宗以来，辩论结束后赐予参与者紫袍已经成为惯例，武宗这一举动无疑是在表达对佛教的轻慢。甚至摩尼师因为复杂的政治关系而被全部处死之前，也要像和尚一样被剃光头发，并且穿上袈裟，这是武宗对佛教的严重羞辱。

不特此也。沉溺于道教迷信的武宗还颁布诏书，禁止天下人使用独轮车，理由是独轮车会碾坏"道中心"，即道教的中心。随着自己身体每况愈下，武宗越发相信自己的疾病与名字中的"瀍"有关。因为"瀍"是水字旁，而唐以土德王，根据五行理论，土恰恰会克水。为了避开这一大忌，他将自己的名字由"李瀍"改为"李炎"，取火生土之意。遗憾的是，作为佛教的宿敌，武宗背上发疽，呼吸困难，最终连话都没办法说，还没来得及过自己三十二岁的生日，就撒手人寰了。之后，宣宗即位，不但以"霍乱先朝，毁除佛教"的罪名处死了赵归真等十二人，而且迅速着手恢复佛教。佛教的发展迎来了一个"小阳春"，之前许多佛教行为得以恢复，舍宅为寺就是其中之一。

公元858年，即唐武宗去世后十二年，任景求舍宅为寺，名为东津禅院，并敦请天童寺退居方丈心镜藏奂禅师为住持。任景求与心镜禅师同为苏州桑梓，前者在正史上名不见经传，而后者在佛教史上大大有名。心镜禅师的师父是五泄灵默，五泄灵默则在马祖道一门下出家，在石头希迁处悟道。马祖道一的师父是南岳怀让，石头希迁的师父是青原行思，而南岳怀让和青原行思同为禅宗六祖慧能的高足。作为六祖慧能的四传法子，心镜禅师可谓师出名门。其住持天童寺期间，开浙东禅林先河，住持东津禅院后，更是大开法筵，接引十方英灵衲子奋志冲关，直参本来面目。时人曾这样描述他弘法传道的盛况：

凡一动止，禅者毕集，环堂拥榻，堵立云会。大师学识泉涌，指鉴歧分。诘难排疑之众，攻坚索隐之士，皆立裒苦雾，坐泮坚冰，一言入神，永破沉惑。①

心镜禅师住持东津禅院后两年，即公元860年，适逢浙东

---

① 陈寥士：《七塔寺志·新补》，中华佛教出版社、百通（香港）出版社2004年版，第1—2页。

农民起义，祸及禅院。四众弟子纷纷逃散之际，唯心镜禅师岿然不动，于禅堂安坐如常。义军见状，不敢造次，逡巡作礼而退，东津禅院遂得以保全。第二年，明州郡绅将心镜禅师安坐退敌之事上奏朝廷，祈请改东津禅院为栖心寺，获唐懿宗诏准，宰相裴休为之捐帛，并题写匾额。高僧开山，皇帝赐名，更兼宰相题匾捐帛，七塔寺山门甫开，就博得了满堂彩。咸通七年（866），心镜禅师于栖心寺圆寂，三年后荼毗，得五色舍利数千颗。又三年，心镜禅师的弟子戒休携七颗舍利诣阙请谥。唐懿宗敕命将舍利供奉在皇宫中内道场，并赐谥号"心镜"，赐塔名"寿相"。

有必要指出的是，这次戒休奉心镜禅师舍利进京觐见唐懿宗，仅仅是另一次更大规模的迎请佛骨舍利的前兆和预演。相比于有着"小太宗"美誉的唐宣宗，唐懿宗是历史上著名的无能昏君，他骄奢淫逸，宠信宦官，执政期间，内忧外患，把宣宗重新燃起的一点希望也浇灭了。但是，这位在政治上一无是处的皇帝却是一位虔诚的佛教护法。他建寺造像，施财无算。世界上现存最早的印刷品——敦煌雕版印刷的《金刚经》长卷，国内现存的最早的印刷品——《陀罗尼经咒》，法门寺地宫发现

15

的捧真身菩萨和银金花双轮十二环锡杖，都是唐懿宗执政期间的杰作。唐懿宗崇佛的高潮是继宪宗之后又一次大规模迎奉佛骨舍利。

咸通十四年（873）三月，懿宗下诏迎奉法门寺佛骨舍利。入京后的佛骨舍利受到从普通信众到朝廷大员热烈甚至疯狂的追捧。此次迎奉佛骨的规模和场面，远远超出皇室祭天大典。迎奉佛骨的活动一直持续到下一任皇帝——唐僖宗即位后才结束。唐懿宗一心向佛，本意在为百姓祈福，同时也希望自己能够圣寿万春。然而正如达摩祖师对于梁武帝的告诫，建寺造塔并无功德，对此唐懿宗似乎并不认可。讽刺的是，迎奉佛骨舍利并没有满足唐懿宗的愿望，"佛骨才入于应门，龙辀已泣于苍野"，几个月后，唐懿宗世寿不享，龙驭归天。

还需指出的是，现在的七塔寺位于宁波市区中心，是一座典型的都市寺院。都市寺院是相对于山林寺庙而言的，如中国第一座佛教寺院——白马寺即是一座山林寺院，二者各有特点。一方面，社会动荡不安时，相较于山林寺院，面对突如其来的灾难，都市寺院首当其冲；另一方面，都市寺院由于优越的地理位置，不但更容易从政治、经济、文化、人才、信息等资源方面获得弘法利生的方便，而且在社会教育、文化建设、慈善救助等方面的作用与影响也显而易见。七塔寺现今独特的地理位置是历史形成的，并不是从唐时建寺伊始就如此这般的，在民国二十四年（1935）绘制的《七塔报恩禅寺平面全图》上可以看出，民国时期的七塔寺南、北两侧都是河道，东、西两侧仅有几户大户人家，远不是现在这样的繁华街区。

宋　代

北宋初年，栖心寺已经成为四明地区很有影响的一座寺院。大中祥符元年（1008），宋真宗敕改栖心寺为崇寿寺。此时，崇寿寺与同处宁波城内的天台宗山家派寺院——延庆寺齐头并进，为天台宗山家派培养了广智法孙明智中立、神照法孙觉云智连、以持律闻名的戒度法师等一大批卓越僧才。明智中立为宁波鄞县陈氏子，据说其母梦日入怀而有身孕。明智中立生而不凡，每晚不沐浴三次，则啼哭不止。至和二年（1055），他于宁波城东栖心寺出家，时年九岁，在专人指导下接受系统的佛学教育，包括学经典、习礼仪、服杂役、侍师长等。当时出家须先由寺院向州府申报，州府组织考试，通过者再参加由朝廷组织的以《法华经》为主的试经，合格者方可剃度为沙弥，从而大大保证了僧伽的素质。嘉祐八年（1063），经栖心寺推荐，明智中立赴汴梁参加开封府组织的试经考试，并顺利通过，取得度牒，遂于栖心寺剃度，成为沙弥，翌年正式受具足戒，成为比丘僧。从九岁出家，到十九岁受戒，在崇寿寺十年打下的坚实佛学基础，对明智中立日后的成就至关重要。正如四明知礼的大弟子广智尚贤所言，"年少新学，能辨析如此"，进而成长为天台宗山家派领袖，在中国佛教史上占有重要一席。

与明智中立相似，觉云智连也是幼年在崇寿寺出家，拜寂公慧云为师，学习佛教义理，其一生佛教事业也是从崇寿寺开始的。当时的宁波地区受四明知礼的影响，天台宗一度非常流行，其影响遍及温、台、杭、越等地，宗风所及，甚而至于东南沿海和海外各国。在广弘禅宗的同时，崇寿寺大抵也兼弘天台教观。这一时期，或许正是七塔寺作为禅宗寺院却与天台宗结下不解之缘的开始。

政和八年（1118），宋徽宗因林灵素而崇奉道教，将崇寿寺改为神霄玉清万寿宫。被更名为"神霄玉清万寿宫"的佛教寺院非此一家，此前一年，天宁万寿观便被改为神霄玉清万寿宫。

第一章 甬上名蓝

宣和元年（1119）正月，朝廷颁布诏旨："佛改号大觉金仙，余为仙人、大士。僧为德士，易服饰，称姓氏。寺为宫，院为观。"很明显，这是按照道教的样貌改造佛教。是年八月，京师神霄宫告成，徽宗又亲撰《神霄玉清万寿宫记》①，令京师神霄宫刻碑永记，并刻碑拓样颁赐天下。从"神霄玉清万寿宫"这个名字可知，这时的七塔寺至少在形式和名义上成为一座道观。仅仅两年后，这件由皇帝个人喜好而生起的事端便平息下来。诏书颁布后不久，京城大水。林灵素奉命止水却无济于事，宋徽宗不得已而转乞僧伽。有僧振锡登城，大水顿时退去。事后，宋徽宗下令复佛旧制。宣和二年（1120），改神霄玉清万寿宫为栖心崇寿寺。

有趣的是，栖心寺在宋朝虽改名崇寿寺和栖心崇寿寺，但后世的一般佛教文献，甚至赵宋本朝文献，似乎对这两次更名也不大认可。1269年成书的《佛祖统纪》，仍称其"栖心寺"而不名"崇寿寺"。此时距离宋真宗赐名崇寿寺已经过去了整整

---

① 其文如下："朕之所以隆振道教，帝君之所以眷命孚佑者，自帝皇以远，数千年绝道之后，乃复见于今日，可谓盛矣！岂天之将兴斯文以遗朕？而吾民之幸，适见迁于今日耶？布告天下，其谕朕意毋忽，仍令京师神霄玉清万寿宫刻诏于碑，以碑本赐天下，如大中祥符故事，摹勒立石，以垂无穷。宣和元年八月十二日奉圣旨立石。"

19

二百六十年，距其得名"栖心崇寿寺"近一百五十年，距其得名"栖心寺"则是四百多年。这似乎表明，即使经过了几百年，心镜禅师栖心退敌的事迹仍然能够引起人们深深的怀念。

有据可查的七塔寺对外交流历史也是从这一时期开始的，据《佛祖统纪》卷四十七"法运通塞志"记载：乾道三年（1167）三月，

> 日本遣使者致书四明郡庭，问佛法大意，乞集名僧对使发函读之。郡将大集缁衣，皆畏缩莫敢应命。栖心维那忻然而出："日本之书与中国同文，何足为疑？"即揖太守，褫封疾读，以爪掐其纸七处。读毕，语使人曰："日本虽欲学文，不无疏谬。"遂一一为析之。使惭惧而退。守踊跃大喜曰："天下维那也！"[①]

从这则简单而生动的记录可以看出，当时栖心寺维那具有深厚的佛学修养，七塔寺僧众的文化修养由此可见一斑。遗憾

[①]《佛祖统纪》卷五十二"诸国朝贡"亦载"（孝宗）日本国遣使致书四明郡庭，栖心维那对使宣读，斥其文义疏谬者凡七处"。

的是，这位天下维那所指出的日本使者信中的七处错误，书中并没有具体记载。

南宋时期，七塔寺又一次获得了皇室以及王公的青睐。据南宋著名禅宗大师物初大观《物初剩语》卷二十《栖心寺建御书阁并置田疏》记载：

> 梵放薄江城，七塔宏开门径；宝光凌象纬，九天新锡扁题。因依魏公衮绣之华，遂被圣主金汤之赐。宏规虽尔，缺典何多。既未遑崇杰阁以奉宸眷，又安能足良畴以供纳子。取人天众饭于香积国，掷大千世界如陶家轮。神通略施，公案便了。飞甍出云雨，阕龙骧凤鬐之文；多稼接畛畦，萃铁额铜头之客。美裴相君之逸迹，大心镜师之故家，集我胜缘，报公纯嘏。[1]

题目中的"御书阁"以及文中"圣主""宸眷""魏公"等字眼，均表明当时七塔寺与帝王公卿之间的密切关系。物初大观为南宋诗僧，在其之前，当朝有"魏公"之封号者，仅有宰相

---

[1] 可祥主编：《栖心伽蓝史料集》，上海古籍出版社2023年版，第227页。

史浩一人，且史浩与南宋第二任皇帝——宋孝宗关系极其密切。据此或可推知，文中的"魏公"即为南宋宰相史浩，圣主为宋孝宗赵昚。正是在史浩的引介之下，赵昚对当时的栖心寺给予了大量恩赐，为栖心寺的僧人提供了坚实的物质生活基础。值得注意的是，"七塔宏开门径"这句话表明，最迟在南宋初年，七座佛塔就已成为该寺的主要标志。

元　代

终元之世，七塔寺仍以弘扬《法华经》教义为主，是宁波重要的天台宗道场。其中比较知名的天台学家有剡源法嗣允则法师、善继法嗣是乘法师、弘道法嗣净珠法师等。

允则法师，俗姓求氏，出生时异香满室，十四岁时于报恩寺出家，并在剡源妙悟门下得度，十五岁受戒，修持《法华经》《楞严经》《楞伽经》等经典。当时妙悟主持浙东名刹，从学者有数百人之多。允则法师随侧执侍，深得妙悟心法，尤其对一心三观之旨了然于心。允则法师二十九岁时住持崇寿寺，由于慧根猛利，宿缘深厚，贡高我慢之士纷纷折服。后继主广福寺、延庆寺、孤山寺、国清寺。允则法师学养深厚，被张伯淳誉为

"权实之教魁，圆顿之宗硕"①，因而生前两被征召入朝。

元世祖忽必烈问以佛法大义，并于香殿赐斋，授以红色金襕大衣和"佛慧玄辨"的称号。

是乘法师是元末天台学大师善继法师的弟子。善继法师俗姓娄，字绝宗，生而灵异，稍长即求出世，后在山阴灵秘寺落发受戒。善继法师通达天台法华奥义，多次演说《法华经》《金光明经》等经典，并先后住持良渚大雄寺、天竺荐福寺、天台能仁寺等三座名刹。善继法师气局衍裕，行履纯固，山家诸书无不精彻，大江东南推为教中之宗，所与交游论道者皆为一时俊彦。善继法师尝以乃祖教诲自励，"止观一部即法华三昧之筌罤，十乘十观即法华三昧之正体。须解行并驰，正助兼运，则圆位可登，而不负吾祖命家之意"。是乘法师在七塔寺的事迹了不可考，然善继法师平生两次重要的讲经著述，都是应是乘法师虔心祈请所为：

未几兵难荐作。其高弟是乘法师请师还华经。欢然就之，且以无常迅速，严修净业，系念佛名，昼夜不辍。是

---

① 《续佛祖统纪》卷一，《卍续藏》第75卷，第742页中。

乘尝请著书以淑后人，师曰："吾宗本离言说，不得已而有言，为彰授受也。是故章安结集之后，不过代相缄授。其间或有斥邪卫正者，亦岂好辨哉！今日大经大法粲如日星，宜修习不暇，奚俟予言。"闻者悦服。①

净珠法师，生卒年及事迹不详，其相关线索仅见诸《续佛祖统纪》卷一"弘道法师"条目，"嗣法者慈感道立，演福净盟，崇寿净珠，灵山如珪"。②就是说，净珠法师曾经驻锡崇寿寺（七塔寺），并且嗣法弘道法师。弘道法师于洪武二十五年（1392）九月二十日圆寂，时年七十有七，可知弘道法师为元末明初时人。弘道法师虽生于元末，然其一生事业成就却在明初。据此可知，作为其嗣法弟子的净珠法师最早亦当为元末明初时人，甚或可能为明朝人。

明　代

佛教从传入中国开始，就与政治有着千丝万缕的复杂联系，

---

① 《续佛祖统纪》卷一，《卍续藏》第 75 卷，第 746 页中。
② 《续佛祖统纪》卷二，《卍续藏》第 75 卷，第 750 页上。

并且往往随时局而起伏，这一点在明朝体现得十分明显。元朝末年，日本进入南北朝分裂时期，其内战中的败将残兵、海盗、商人及破产农民流入海中，趁明朝国本初立，屡寇滨海州县。靠着"高筑墙、广积粮、缓称王"这九字真言夺得大位的朱元璋在建立大明王朝之后，由于民生凋敝，无力长枪大马，海上逐寇，只能退求其次，迁界禁海。明朝洪武二十年（1387），信国公汤和奉旨坚壁清野，将东南沿海居民迁徙到内陆。因普陀山"穷洋多险，易为贼巢"，故焚毁普陀山宝陀寺（即今普陀山普济寺前身）殿舍三百余间，迎千手千眼观音圣像于栖心寺内。

现在看来，这种闭关锁国的无奈选择无疑是鸵鸟政策，并不值得称道，但是这一政策却客观上在天台教观之外为七塔寺注入了另外一支新鲜的血液，成为其观音信仰的滥觞。住持惟摩禅师舍地重建宝陀寺，寺院东侧三分之一面积建栖心寺。第二年，朱元璋下诏改寺额为"补陀寺"，人称"小普陀"，七塔寺从此成为观音道场。永乐四年（1406），栖心寺并入补陀寺，两寺合一，仍冠名"补陀寺"。此后，补陀寺渐次修建了圆通宝殿、毗卢阁、十王殿、藏经宝阁、大悲殿、弥陀殿及廊庑等殿宇。

从这段简单的历史可以看出，一方面，在七塔寺寺址兴建宝陀寺，实际上是让七塔寺承担了某种政治性任务，七塔寺为此付出了很大代价，失去了三分之二的面积；另一方面，明朝初年的七塔寺也失去了唐宋时期皇室瞩目的辉煌，至少在大明皇帝朱元璋的眼里，七塔寺的重要性远不及普陀山宝陀寺，否则，从海外迁来的补陀寺就不会反客为主，不但实实在在占据了七塔寺三分之二的面积，而且在寺名上也假补陀之名以行。顾名思义，补陀寺即是将七塔寺作为宝陀寺的补充和预备，这实际上是皇帝对宝陀寺的一种心理补偿。终明之世，直至清季，七塔寺的寺额都是这位大明皇帝御赐的补陀寺。清光绪二十一年（1895），光绪皇帝钦赐"七塔报恩禅寺"寺名。五百年后，七塔寺终得本来面目。

明洪武二十年至二十五年间（1387—1392），祖芳道联住持宁波补陀寺。祖芳道联曾任天下第一禅林——金陵大天界寺书记，专掌文疏翰墨之职，为禅林六头之一。他最为人称道的功绩，是参与了《永乐大典》的编纂工作。由于祖芳道联"幼读儒书，穷命理之学"，又博通佛教经典，圆融世出世法，"进退咸有恒则"，所以纂集有方，且深孚众望，因而在永乐四年（1406）被明成祖钦命为"释教总裁"，专门负责《永乐大典》

中佛教典籍的编纂。在编纂过程中，祖芳道联收入、保存了不少珍本、善本和逸存古本佛教典籍。由于编纂《永乐大典》功勋卓越，加之祖芳道联在僧俗两界声望卓著，明成祖对其十分器重，特命他到各地名刹征集古代文物彝器，又赐其佛像等物，以示恩荣。

永乐时期的补陀寺，已经时常见于宁波地方文人的吟哦，如金镒《登补陀宝阁》："久怀登览兴，偶作化城游。觉海通金刹，慈云护宝楼。昙花非色相，祇树不知秋。绣拱悬霄汉，雕阑控斗牛。徘徊双眦决，汗漫一身浮。遐观三千界，雄图四百州。夕阳兴废迹，逝水古今愁。回首沧江上，高歌起白鸥。"[①] 一句"绣拱悬霄汉，雕阑控斗牛"，形象地写出了当时补陀寺建筑的宏伟高大，从侧面反映出补陀寺的兴旺。张得中游览补陀寺后也写下了"东津桥外白云溁，路隔尘凡杳莫寻。七窣堵波天雨宝，一阿练若地铺金。道旁仿佛龙华会，行树依稀翠竹林。我亦心清事幽讨，杖藜来听梵潮音"。[②] "七窣堵波天雨宝，一阿练若地铺金。道旁仿佛龙华会，行树依稀翠竹林"，描绘了补

---

① 可祥主编：《栖心伽蓝史料集》，上海古籍出版社2023年版，第151页。
② 同上书，第330页。

陀寺清幽庄严的环境。这两首诗是至今发现的最早的关于七塔寺的诗歌题咏。

嘉靖年间，日本多次向中国派遣遣明使。如果说日本遣唐使的目的是学习唐朝的先进文化，那么遣明使则是为了实行双边贸易。除外交使节这一官方身份，遣明使本身也是具有深厚汉学修养的僧侣，他们的日记中不但记载了明朝时期我国沿海地区的观音信仰状况，同时也间接地反映了日本观音信仰的状况。遣明使会在海船上持诵观音菩萨名号，以祈求航海顺利和人员安全，上岸后进行的一些活动也与观音信仰相关。

日本遣明使一行人虽然参访了几座寺庙，但是具体参拜活动几乎没有记录。唯一明确提及的是策彦周良在嘉靖十八年（1539）六月二十五日所写的日记：

　　正使及予、两居座、两土官并二号、三号诸役者入堂，于观音像前各消拜者三，献香资者十缗。寺之称长老者，供香资并愿文者再三。同音唱大士宝号，唱了，投愿文于炉中火却。堂后又有堂，堂中央安释迦尊像，迦叶、阿难为左辅右弼。又，堂内左右有床，塑二八罗汉之像。寺僧设椅子及案,请正使以下诸官员就坐。坐定,给胡桃、李实、干荔等果。挈茶来,三巡而止。归路,通事周文衡假坐于叔父亲家里,设茶果。补陀之为寺,盖观音大士坚坐三摩地也。生等在海东之日,亦谙其为名蓝。前月于大洋,风波荡突,船不克进,淹滞中流。生等念彼大士,默祷者良久,遂勠精进力,预推愿毂,须臾,风顺波滑,得辄臻此。岂非大士灵验之所然乎。是故,今日造诣,奉拜慈容之次,聊有烧香之资,开书于后,计孔方十缗。嘉靖十八年六月日,日本国正使硕鼎、副使周良、居梵琢、居座等越、土官正赖、土官增重,二号、三号诸役者亦书于后。①

策彦周良是日本战国时代临济宗梦窗派高僧,日本天文八年(1539)奉室町幕府将军足利义晴之命,受大内氏经济支持,作为湖心硕鼎率领的勘合贸易使团的副使入明。策彦周良一行人先后五次参访补陀寺,这则日记不但详细记录了他们在补陀寺参拜观音菩萨的过程和原因,连当时补陀寺的寺内布置

---

① 〔日〕策彦周良:《策彦合适初渡集》嘉靖十八年六月廿五日条,见〔日〕牧田谛亮:《策彦入明记の研究》(上),京都法藏馆1955年,第63、64页。

都记载得十分清楚。从拜诣的人员和过程来看，策彦周良一行对这次造访补陀寺是相当重视的。这则日记也足以说明，最晚在嘉靖年间，七塔寺的名声就已经远播日本等地。

明朝时七塔寺的对外交流情况在策彦周良其他的日记里也有所反映，如嘉靖十八年（1539）六月二十五日："次诣补陀洛寺……僧十数辈出迎而礼……寺之称长老者，供香资并愿文者再三，同音唱大士宝号。"嘉靖二十年（1541）正月二十日："（补陀寺）寺后有塔头。一僧迎候，延入小堂宇，揭以'继远堂'三大字，左右柱题句云'竺国宗枝大''天台气象新'。"嘉靖二十七年（1548）六月十八日："补陀寺参诣，予暨副、居、以下役者并轿马而出，携银五两。又各自携扇一柄而付与寺僧。僧长设茶果。"①

由于历经劫难，七塔寺的许多历史资料被毁坏湮灭，因而这些日记对了解七塔寺在明朝时的景象，尤其是其对外交流情况显得弥足珍贵。从策彦周良的记录中可以看出，遣明使与明朝僧人之间的交流是友好愉快的。这或许是由于补陀寺是遣明

---

① 〔日〕策彦周良：《策彦合适初渡集》嘉靖十八年六月廿五日条，见〔日〕牧田谛亮：《策彦入明记の研究》（上），京都法藏馆1955年，第178、179页。

使们来到中国参拜的第一个寺院，更是因为补陀寺本身就是供奉观音的重要寺院，补陀寺对于他们而言，有着特殊的意义。日记所载"竺国宗枝大，天台气象新"，更是包含了当时七塔寺宗风的重要信息。上联中的"竺国"即天竺印度，"宗枝"既可指从印度传来的佛教，又可指从印度传来的禅宗。考虑到对联所要求的对仗与工整，与天台宗对应的理应是另一具体佛教宗派，而不是抽象的佛教本身，故"竺国宗枝大"指的应是禅宗在七塔寺的盛行。下联"天台气象新"很明确地表明，当时天台宗在七塔寺蔚为大观。这副对联说明，皇家虽然强势将七塔寺改为了观音道场，但仍未改变寺院台宗、禅宗双子争辉的特色。

嘉靖十八年（1539）六月二十三日，策彦周良游补陀寺时注意到堂内有四块石碑，左边两块书"青天白日，爱民如子"，右边两块书"高山大川，处事如家"。这四句话没有任何佛教色彩，反倒像是儒家官员用以警策自励的官箴，以及人们对于某一官员的身后评价。明朝焦竑编辑的《国朝献征录》卷四十中所保存的吕柟《兵部右侍郎涂水寇天叙墓志铭》一文印证了这一猜测，这八个字即出自这篇墓志铭。寇天叙为政宁波，刚正不

31

阿，执法严明。时有冯氏兄弟横行乡里，人称"二虎"。寇天叙查民隐衷，果断除去冯氏兄弟。在宁波任上之时，寇天叙还曾经阻止围填东钱湖，从而保住了这一烟波浩渺的风景胜地。宁波民谚传说"田要东乡，儿要亲生"，东乡田年年高产，靠的就是东钱湖水，宁波大部分食用水也赖此湖供给。有影响力的人物死后，往往借佛门三尺净土以安其身，如作为"戊戌六君子"之一的谭嗣同在戊戌变法失败后喋血菜市口，便停灵于宣武门外法源寺；道光皇帝的曾孙、著名书画家溥心畲在北京后海广化寺为母亲停灵举丧；国父孙中山在北京逝世，于南京中山陵尚未完工之际，在京西香山碧云寺停灵长达四年之久，现碧云寺仍有孙中山的衣冠冢。寇天叙在宁波颇有政声，且身后"家贫，丧事不具"，死后七塔寺为之停灵纪念，以为甘棠遗爱，就不足为奇了。

清　代

清朝时，七塔寺殿宇继续修建完善。清初顺治年间，建成方丈殿，康熙年间，建大悲殿及天王殿前七塔（东四西三），重修佛门、山门、钟楼。咸丰八年（1858），七塔寺隆重庆祝建寺一千周年。不料，三年后七塔寺即遭逢洪杨之役，沦为一片废墟。同治六年（1867）年八月十三日，礼部奉旨晓谕各省督抚，已烧毁的祀典祠宇不准创议修建，各省均奉旨而行，故而七塔寺在被毁后的很长一段时间内未能得到修复。直至同治十年（1871），江东周文学母子发心修复七塔寺。周氏母子籍隶丐户，身份卑微低下，母亲蔡氏每夜五更天便沿路敲木鱼募集资金，周文学则持伞随后护母，风雨无阻，历经十年才得以重建头门大殿、天王殿和两厢。蔡氏逝世后，周文学秉母遗命继续修造后殿、钟楼和墙垣，因耗费巨大，还曾到上海募集资金，不但先后在《申报》刊登多达十则的募化广告，还发挥自己的医术专长，坚持每日上午十点到十二点外科坐诊，行医地点位于寓彩视街西头王公记隔壁，所得诊金用作修造寺庙。今日看来，周文学这种募资造寺的善举足以让人动容，但在当时的上海却引起了不小的舆论误解甚至敌意。《申报》1881年5月9日以"托保惑众"为题写道："近法租界鹿鹤春茶馆斜对门，到有带发修行之妇女数人，设坛念佛，称欲募资造鄞县小普陀七塔寺之后殿。募启高悬，其具名系董事周文学。又另书奉母遗命云云，招摇市衢，真可笑而又可恶。有地方之实者，正宜驱而逐之也。"尽管如此，周文学依然不为所动，并拟以三年为期，募集一千零八十文大钱，外加值寺香金一百二十文，倾心尽力修复七塔寺。后人有诗赞曰："木鱼声彻五更天，踏遍江东破晓烟。六十年前七塔寺，周婆护法最心坚"，"母贤子孝更难为，风雨鸡声持伞随。十八伽蓝添一个，还祈秉笔记芳规"（《咏七塔寺轶闻》诗二首，钱三照作）。

佛为一大事因缘出现于世，周文学母子未完成的善业，另一个人担当了起来。光绪十六年（1890），江东耆老公请慈运长老主持七塔寺。当时慈运长老已年过六十，本已退出教界，但面对破败不堪的七塔寺，又毅然应接下来。在复兴七塔寺的过程中，慈运法师展现出卓越的组织能力，短短四年时间，改造了天王殿、大雄宝殿和祖堂，并新建了三圣殿、法堂暨藏经楼、禅堂、云水堂、五观堂、钟楼、华严阁、会客厅、东西厢房等，最终形成完整的禅宗伽蓝七堂建置。之后，慈运法师又祭出两次大手笔。一次是光绪二十年（1894），举行西方三圣像及千手观音圣像开光盛典，并在大雄宝殿内壁镶嵌五百罗汉砖刻；一次是光绪二十一年（1895），进京请颁《龙藏》一套〔雍正十三年（1735年）刻印〕，并获赐"七塔报恩禅寺"寺额，这是七塔寺历史上有记载的继唐懿宗李漼、明太祖朱元璋之后第三次皇帝赐名。七塔寺从此更加声名远播，以至于有"七塔寺，七座塔，塔塔朝天天朝塔"①之说。

在慈运法师的主持下，七塔寺的基础设施建设已告成功，更兼有皇帝赐额，迎来了继开山祖师心镜禅师之后最为人称道的辉煌时期，慈运法师也因此被誉为七塔寺的"中兴之祖"。紧接着，光绪二十二年（1896），慈运法师七十寿辰之际，为报答慈运法师对七塔寺的贡献，七塔寺特开三坛大戒以为纪念。光绪三十二年（1906），慈运法师八十寿辰之际，七塔寺再开三坛大戒，四方衲子闻风云集，盛况空前。慈老主寺期间，常住僧众不下三百人，当时社会上流传着"七塔寺里和尚多"的俗语。光绪三十一年（1905），圆瑛法师接慈老法印，成为临济宗第四十世传人。慈运法师一生度人无数，有亲传弟子四十八人，圆瑛法师为其中佼佼者。当时，宁波地区大小寺庙主僧，或出自慈老门下，或受其点拨，他们将临济禅风带到全国各地，甚至南洋、日本、印度、韩国，形成了"七塔寺法派"，为近代临济宗的中兴发挥了积极的作用，七塔寺也因此被

---

① 下联为"百梁桥，百根梁，梁梁映水水映梁"。

尊为临济宗中兴祖庭之一。

宣统二年（1910）八月二十九日，慈运长老圆寂于七塔寺。慈老离世之后，七塔寺被定为"法派选贤丛林"。所谓"法派丛林"，是指以本派法子为主的丛林，其选举住持之法称为"神人双选"：

慈老在日，凡寺务之设施与筹划，均躬任之，住持一职，则由法子代理。迨宣统二年八月二十九日，慈老圆寂，七塔定为法派选贤丛林。其遴选住持之仪式，大致如此：首先发布通告，召集散居各地之慈老法派子孙，约期七塔会议，无分地位高低，诸山长老或清众，均得与会。人给选票一纸，可任意写宏字辈三名，戒字辈两名，为候选人，违例或多写人数，为废票。集众监票，唱票如仪，以得票最多者，取宏字辈三名，戒字辈二名，为正式候选人。择日（一般为农历正月十五）云集两序大众，于韦陀前举行上供仪式，中途暂停，将事先备就五枚桂圆，每枚墨书一候选人，投入尺余长之竹筒中，择一非法派之清众，用特制长筷，夹出其中一枚桂圆，记下名字，重又投回筒中，次又夹出一枚，记名后，投回筒中，如是反复进行，以名字先满三次出现者，当选住持。三年一届，不得连任。或任七塔住持而称"神人双选"者以此。①

这种"神人双选"之法与藏传佛教中的金瓶掣签选定活佛的转世灵童制度颇为相似，对中国佛教也产生了深刻的影响，后来许多寺院废除住持传嗣法，废除子孙庙，改为丛林选贤制，皆滥觞于此。也正是在丛林选贤制度的规范下，七塔寺道风纯正，秩序井然，选贤与能，长盛不衰。

民　国

民国期间，七塔寺的基础设施建设进一步扩大和完善，不但修整了天王殿，重修了大殿，修建了玉佛阁和延寿堂，而且还修建了慈运祖师塔院。民国八年（1919），为纪念慈运法师，时任住持的智圆法师特在法堂东首辟建纪念堂，取名"慈荫堂"，并供奉善照居士雇工匠所刻的沉香木慈祖像。个中因缘，《七塔寺志》卷二记载道：

---

① 1994年新版《七塔寺志》（下册），第133、134页。

江苏省上海县费门周氏，法名善照，年五十九岁。初，皈依慈老人为本师。及民国十年来寺，对余曰："我师虽已去世，我亦依师住处而去世。"购沉香木，倩匠雕像，虔诚焚香供奉。不数月，果得病西归。通信男儿兴宝，料理后事。斯时也，余任监院职而目睹之。《华严》云：信为道元功德母，长养一切诸善根。善照诚女中丈夫也。三宝感化之力大矣哉！特序事实，述偈以赞之：吾师德感动，女性信专一。佛说皈依僧，同登菩提路。[1]

民国二十五年（1936），又于三圣殿后法堂内设中兴祖堂，将慈运长老雕像移至寺院中轴线位置，与位于方丈殿正中的心镜祖师舍利塔相齐。

出家人云水生涯，跋山涉水，砥砺寒暑，病恙萦缠，当其举目无亲、无依无怙之时，实在最为可怜。圆瑛法师常思安住来往病僧，以便医养幻躯培养道器，遂在陈姓居士相助之下创建七塔寺病僧院，由是十方病僧受其惠泽。此外，还在宁波

---

[1] 陈謇士：《七塔寺志》卷二，中华佛教出版社、百通（香港）出版社2004年版，第15页。

城外建成了庾山岭塔院、七塔塔院和普同塔,用作年长僧人的养老之所。对此,圆瑛法师在《七塔寺普同塔记》一文中曾说:

> 夫出家之法,割爱辞亲,离尘舍俗,参方访道,拨草瞻风。仆仆尘寰,为己躬之大事;迢迢云水,顾只影以前踪。从上诸祖建设丛林,虽为十方衲子参学起见,亦为老病死计。庶使养生就医,各得其所;安身立命,自有其处。而我七塔报恩禅寺……虽有如意寮,以为诊病之区,而养老堂、普同塔,尚付阙如。圆瑛民国十八年接住报恩法席,遂与监院德轩议及此事。适有东乡同岙庾山庵庄严大师,与余为道义之交,闻悉此事,欲以该庵献与常住,起造普同塔。山水清明,峰峦秀丽,集议两序,均表同情。由是监院德轩,努力进行。阅二寒暑而塔告成。……迄今数载,塔院亦成。今者拟办养老堂于院内,尘氛寂静,竹木深幽,晚年乐道,实得其所。诚一举而两得也。①

---

① 陈寥士:《七塔寺志》卷二,中华佛教出版社、百通(香港)出版社2004年版,第14、15页。

民国十二年（1923）9月1日，日本关东发生大地震，引发大火灾，死亡、失踪人数达十四万，其中包括很多华侨，灾情极其严重。灾后，英国、美国、中国、德国、比利时、秘鲁和奥地利等国均捐献救灾物资予日本。中华民国北洋政府在震后立即派出救援队，是当时第一个抵达灾区的国际救援队。中国政府积极组织救援活动，仅浙江温州一地捐往日本的救灾物资就价值四十五万银元，中华民国北洋政府也拨出二十万银元专款赈灾。中国佛教界特铸造大钟一口以作超荐，安置于日本赈灾纪念堂楼内。

七塔寺溥常法师率七塔寺、天童寺、阿育王寺、观宗寺僧团，赴日本东京参加大地震中受难华侨超度法会，并亲任团长。第二年，国际佛教界人士在日本组织荐亡法会与赈灾纪念会，溥常法师应中国代表团团长孔云生之请，率法侣二十八人再渡日本弘法，受到日本佛教界的热烈欢迎。

日本僧团在金龙山浅草寺举行欢迎大会，日本著名佛教学者村上专精、矢吹庆辉等数十人作陪，云南省财政司长王九龄、云南省督军唐继尧也出席了欢迎仪式。在观音殿前，溥常法师因见自己去年访日时挂在殿前的一对纸灯依然高悬，十分感慨，当场说偈赞叹曰：

金龙浅草，劫火洞天。
寺像灵爽，如在梵天。

日方代表渡边海旭也赋诗唱和道：

江浙妙禅摄化昌，应请浮海事津梁。
清风金锡慈悲韵，灵露紫袈戒定香。
咒水雨华茗溪畔，鸣钟天乐黑江傍。
俨然二十八龙象，列宿聚奎照道场。

此情此景，让日本佛教人士十分感动，"对于中国佛教徒的援助活动，除低头致意外，更无合适之言辞以表达内心的感谢之情"。

欢迎会后，溥常法师率团参加了在日本横滨玉泉寺举行的赈灾超度法会。横滨中华会馆同人特造铜磬一口，敬献七塔寺，以表感激之情。

此时，日本佛教界对七塔寺也多有瞩目。日本佛教界著名人士来马琢道（1877—1964）曾于民国二年（1913）巡访中国江浙一带的寺院古迹，《苏浙见学录》便是其此次赴华考察之记录。其中对七塔寺的记录如下：

> 此寺院殿宇今亦颇为整备，特别像是寺院门前的七座佛塔，其外形虽然有趣，但塔与塔之间突兀地搭建了些像是茅棚之类的建筑物，令人感到有点遗憾。从门前进到门里，看了钟楼等建筑。参拜好佛殿后，此时正好是法会，很多僧侣开始绕行，尔后我们进到客堂，与几名僧侣会谈，考察之后与之告别。关于此寺的起源等情况，虽然也有想咨询的地方，但想着回头翻检书籍应该也能明白，就没有问了，结果回来后查阅了府志等书，却发现根本没有记载。从现在的"敕建七塔报恩寺"寺额来看，这应该是清朝的称名，其起源恐怕也是新近的。①

民国二十三年（1934），日本著名禅学思想家铃木大拙②、

---

① 〔日〕来马琢道：《苏浙见学录》，郑洁西译，东京鸿盟社，1913年9月3日发行，第86页。
② 铃木大拙，日本著名的禅学思想家，在日本被誉为"世界的禅者"。他曾在日本近代临济宗高僧今北洪川的指导下参禅，有过禅门开悟的亲身体验，而且对中国和日本的传统思想文化具有精熟的了解。

七塔寺山门前石塔及河道，原图载于《苏浙见闻录》，〔日〕来马琢道，1913年

藤井静宣、中村戒仙、斋藤贞一等参访七塔寺。同年五六月间，为了解中国佛教的发展状况，铃木大拙专程来中国考察佛教状况。从铃木此次的行程来看，他在宁波和舟山一共逗留了七天，除北平外，宁波是其访问时间最长的一站，访问之处除佑圣观外，均为佛教寺庙，可见铃木对宁波佛教之重视。铃木一行在七塔寺大殿前合影留念，并拍摄了七塔寺的钟楼照片。如今九十年过去，这些照片还完整地保存着，从这些照片里，我

们可以想见当时七塔寺的面目。这次访问给铃木留下了深刻的印象，两个月后，铃木便写出了《支那佛教印象记》这篇文章，并很快被转译为中文，发表于民国二十四年（1935）的《海潮音》杂志。同年，铃木大拙根据他在中国的所见所闻，对中国佛教的弥勒信仰、观音信仰和弥陀信仰以及念佛与禅的关系等问题进行了分析和考察，并写了《中国佛教印象记》，可视为《支那佛教印象记》的姊妹篇。

1934年5月21日，铃木大拙、藤井静宣、中村戒仙和斋藤贞一等参访七塔寺，并在大雄宝殿前留影

此时的七塔寺，不但在基础设施和对外交流上成绩卓著，在寺院文化建设上也是可圈可点。民国十七年（1928），溥常法师发心创办七塔报恩佛学院，但因时局不安，直到六年后（1934年）才正式开学授课，又四年，受日本侵华战争影响，报恩佛学院被迫停办。尽管如此，报恩佛学院的创办仍然显示出七塔寺僧人对于当时佛教发展弊端的深刻洞见。清乾隆年间，僧试制度取消，佛教门槛大为降低，大量无能无学之辈充斥佛门，僧人文化素质日益低下，闻思修更是流于空谈，至清末民初，局势更是江河日下。据说在近代四大丛林之一的金山寺，数百常住僧人中竟无一会写字者。这都是僧试制度取消后，寺院不择良莠，片面追求常住数量导致的恶果。七塔寺多年来致力于办学、化育僧才，正是基于对这种弊端的认识。

佛门历来重视师资传承，对于恩师慈运长老所开创的七塔寺法派，溥常法师十分重视。为完善整理此法派，溥常法师出任住持后，"不惜精神，发心登记"，发起编辑《七塔报恩堂宗谱》，"俾同系公仰祖庭，常住尽明支派"。禅宗对于宗谱的看重，是受儒家"慎终追远"观念的影响，《七塔寺志》卷五《志僧谱》的"法嗣线图"即将七塔法脉远追至印度七佛，并详细记录了从光绪十六年（1890）到民国二十一年（1932）间的历任住持，其法脉传承可谓了了分明。

民国二十五年（1936），佛学院创办已近十年，溥常法师与常住"欲将办学情形、学生成绩，汇出院刊一册，俾令见闻随喜"，遂于当年10月印刷出版《七塔报恩佛学院院刊》，院刊由太虚大师题写书名，圆瑛法师为之题词。溥常法师不但创办报恩佛学院，编辑出版《七塔报恩佛学院院刊》《七塔报恩堂宗谱》，还组织同门师兄弟订立《报恩堂法规》，对于挖掘七塔寺历史文化、奠定七塔寺基业功勋卓著。溥常法师深知文字般若之重要，时常感叹：

寺之有志，犹国之有史也。二典以前，茫昧无稽。司马迁不作《史记》，则伏羲以至汉武，事将不存，而后人亦无从效法。自大法东来，古刹名蓝，辙历千年而不废，视有国者，孰与长短？而卓绝环异之行，往往杰出其间。不有纪述，将如浮云之过眼，虽千奇万变，有不能道其仿佛者矣。吾滋惧焉。①

因而，溥常法师发起编纂《七塔寺志》，并于民国二十六年（1937）铅印出版。太虚大师应邀作序，其封面与扉页分别由王一亭和沙孟海题名。《七塔寺志》"凡八卷，以图记、金石、沿革、建置、僧谱、法要、产业、艺文分类，洪纤毕举，朗若列眉。以史乘之体例，阐佛法之高深。俾后之读者，不啻闻广长舌之说法矣"。

如果说修宗谱是继往，那么开三坛大戒则是开来。民国二十三年（1934），溥常法师七十华诞之际，七塔寺常住特举行大型传戒法会为其祝寿，与会者达一千七百人，其中六百余人受戒。溥常法师任得戒和尚，智圆老和尚任羯磨阿阇梨，圆瑛法师任教授阿阇梨。法席之盛，号称空前，"非特七塔宗风为之一振，即甬江之佛化，增添无限光彩"。

---

① 陈寥士：《七塔寺志·序》，中华佛教出版社、百通（香港）出版社2004年版，第3页。

中华人民共和国

1949年5月25日,宁波解放。这时的七塔寺和从前一样,依旧是红色的屋柱,黄色的墙,韦陀菩萨依旧神气活现地站在那里,但是僧人的生活却一日难似一日。往年的7月中旬正是忙不过来的旺季,但是这年7月不同往日,七塔寺已经个把月没有买过小菜,一直在吃之前腌的咸菜,并且准备改吃一粥一饭。在这样的条件下,要生活就要参加生产劳作。寺里一百五十个僧人自动发起组织了宁波七塔染织工厂股份有限公司,经营棉织品的织造和染练。1949年8月6日,七塔寺住持、监院等计划预定五百股,每股以二十支红豹子牌或两小包双鹊牌面纱计,招足半数即行开业,并为此开了二次筹备会议,在人事上做了详细安排。当时已经采买了四部织布机,以七塔寺经堂为工厂,七塔寺的僧人不但聘请了工程师教授专业的技术操作,还进行了思想政治的学习,以提高政治觉悟。他们拟请其他寺院的和尚参加,但是限于当时的条件,暂时未能如愿。

1958年,宁波市僧尼参加劳动,其中一部分集中于七塔寺。七塔寺主要殿堂被土产公司占用为仓库，西厢房被国营万兴纱厂占用为作业车间，东厢房留给佛教协会办厂。月西法师成立四明纸盒厂和五星被服厂，一方面发展生产，保障僧人生活，另一方面潜心修道，护持寺院。1959年，七塔寺道场废止，后沉寂长达二十多年，直到1980年，成立了以月西法师为组长的七塔寺恢复小组。在月西法师的带领下，七塔寺收回并整修了大雄宝殿（后改为圆通宝殿），搬回了《龙藏》，运回了古钟，重建了山门前的七座佛塔，重新嵌入已经剥落的五百罗汉砖雕，重制佛像和樟木观音坐像，天王殿供新塑四大天王和弥勒、韦陀，收回地藏殿、祖堂、玉佛阁、天王殿、三圣殿、西厢房等殿宇地产，七塔寺成为宁波市内唯一的大型寺院。

  1987年，时任中国佛教协会会长的赵朴初参访七塔寺，并在月西法师陪同下参拜桂仑禅师。桂仑禅师自1942年来七塔寺，随缘留住五十多年，精进不懈，彻悟禅宗心法及观音法门真谛，被禅门大德来果禅师印证为"深入堂奥"。1993年，月西法师于七塔寺圆寂，可祥法师秉承师训，着手管理寺院，使七塔寺法脉得以延续，祖庭得以重光，七塔寺历史又翻开了新的一页。

第三节　七塔寺建置

中国初无寺庙，外来僧人到京师后，通常被官府安置在鸿胪寺下榻，后世便称僧人所居之处为"寺"。随着佛教的日益发展，寺的形式也日益增多，规模较小的被称为"院"，而隐世修行者所居的茅屋则被称为"庵"。中国寺院建筑大致分为平川式与依山式，主体建筑则是殿堂，殿是烧香供佛的地方，堂则是僧人的生活起居之所。佛教初入中国时，寺院的格局仍然沿袭印度和西域样式，即以佛塔为中心的方形庭院布局。这一形式一直延续到汉朝末年，只是塔的阁楼式结构与周围的回廊殿阁已经改为中国建筑的传统样式了。

魏晋南北朝时期的佛教建筑，在延续秦汉建筑风格的基础上，继续吸收印度和西域的艺术风格，木构架建筑风格愈发明显与成熟。此时，以殿堂为主的佛寺数量急剧增加，尤其是那些舍宅为寺的寺院，为最大限度利用原有房舍，常常采取"以前厅为佛殿，以后堂为讲堂"的布局形式。同时，汉式佛教建筑布局基本定型，基本上采用中国传统的院落布局形式，院落重重，层层深入，常有数十层之多，回廊周遭及廊内则饰以彩绘壁画。

隋唐时，较大的佛寺通常采用轴线对称的布局方式，按照轴线依次排列山门、莲池、平台、佛阁、配殿、大殿，大殿取代佛塔成为整个建筑群的核心，佛塔则一般建在侧面或另辟塔院，从此居于次要地位。晚唐时，钟楼一般位于轴线东侧，并成为定制。五代时出现了"田"字形罗汉堂。

宋朝时，汉传佛教寺院的平面布局逐渐规模化，形成"伽蓝七堂"制，即整个寺院坐北朝南，沿着山门南北中轴线，修建若干殿堂，其顺序大致如下：山门—山门殿—弥勒殿（天王殿）—大雄宝殿—本寺住持供奉佛菩萨殿—法堂—藏经楼。此外，轴线东西两侧通常还对称地建造配殿和附属设施，如钟楼（东）、鼓楼（西），伽蓝殿（东）、祖师殿（西），禅堂、斋堂、客堂，等等。宋以后，多数寺院不再修建佛塔。

明清时，寺院布局一般是主房、配房组成的多进对称院落形式。轴线的最前方是山门，即僧俗两界的界限。山门东西两侧分设钟鼓二楼。中央正对山门的是天王殿，常做成三间穿堂式殿堂。天王殿后是第二进院落。正中轴线上的是大雄宝殿，也就是正殿。正殿一般是整个佛教建筑群的核心，不论是体积、质量还是规格，都在其他建筑之上。正殿左右是配殿，或建楼阁。正殿后一进院落，常建二层藏经楼。宁波的大型佛教寺院如七塔寺、天童寺、阿育王寺都是这种布局形式。小型的寺庙通常只有一进院落，山门后即是大殿，两厢为僧房。

明乎此，再回看七塔寺的建筑布局，就一目了然了。

七塔寺寺院结构古朴，庭院深邃，气度雄伟，规模宏大。寺院坐北朝南，由南向北纵深排列，其主要建筑有天王殿、圆通宝殿、三圣殿、法堂暨藏经楼、祖堂依此排列在中轴线上，均为七开间规模，大多建成于清末慈运长老之手。轴线两侧则有钟鼓二楼、厢房客堂，以及报恩大讲堂和栖心图书馆，是一座典型的伽蓝七堂建置的寺院。

整座寺庙现占地面积32309平方米，建筑面积17675.33平方米。山门外矗立着七塔寺的标志——七尊青石佛塔，喻过去七佛[1]，一字排开于山门前。从绘制于1935年的《七塔报恩禅寺

---

[1] 七佛是指释迦牟尼佛及其以前出世的六位佛陀。佛教各经对于七佛名号所列不一，通常认为包括毗婆尸佛、尸弃佛、毗舍婆佛、拘楼孙佛、拘那含佛、迦叶佛、释迦牟尼佛等七位。佛教认为，过去劫、现在劫、未来劫都有千佛出世，其中前三位佛是过去庄严劫千佛的最后三位，后四位佛是现在贤劫千佛的前四位。因七佛均已入灭，故称过去七佛。

平面全图》上可以看出，山门前原有一条东西向河流，河上跨有南北向桥，名为崇寿桥。桥东、西两侧分列七座石塔，东四西三，一字排开。至1934年，崇寿桥被拆毁，填河造屋。

山门牌楼为新建，高八点八米，宽十一点五米，为冲天云柱式样，精巧典雅又不失巍峨庄严。牌楼正门高悬赵朴初居士手书的"七塔禅寺"四字，与左、右两额颜体"东津禅院""栖心兰若"相呼应。牌楼主楹联"南海布慈云，千手遍护持，光明如是；东津沐法雨，万邦昭感应，真实不虚"，为七塔寺住持可祥法师所撰，普陀山戒忍法师所书。边联"镜师始作，弘临济正宗，广传圣教；慈老中兴，仰观音灵感，代出高僧"，亦为可祥法师所撰，由中国书法家协会副主席尉天池所书。牌楼后东南角耸立普门柱，为著名企业家储吉旺发心所立。石柱采自北京房山采石场，耗时两个月才运抵宁波。柱身通长十九点二米，底部直径二点二米、顶部两米，重达一百六十一吨，比印度阿育王柱重一百三十四吨。石柱为一整块巨石，无丝毫裂缝间隙，色泽纯一，不含杂质。石柱初名"金刚柱"，七塔寺为著名的观音道场，为突出观世音菩萨普门示现、度化众生的功德，可祥法师将柱名改为"普门柱"。柱体正面镌刻"正法久住"四个大字，由可祥法师亲笔题写。底座雕刻陈洪勋作、毛燕萍书《七塔禅寺正法久住梵幢普门柱记》，此柱耸立于寺院山门以东，成为甬城的标志物。

牌楼背面正额为可祥法师所书"同登彼岸"，左、右两额为弘一法师书体"般若径"和"解脱门"。中间楹联"古刹建晚唐，临济绍家风，两浙禅林推巨擘；分灯溯南海，观音蒙化雨，四明佛殿逊恢宏"为宁波张秉全居士所撰，当代著名书法家沈定庵所书。边联"古刹重光，市尘别开清净境；禅门永焕，梵宫长护吉祥云"乃杭州詹瀛生所撰，当代著名红学家冯其庸所书。

山门牌楼分左、中、右三门，分别装以古铜色铜质大门，门上饰以莲花、手印等佛教图案。门柱内外分别雕刻八只雄狮，或坐或卧，守护山门。牌楼两侧为六十余米长的石质栏墙。栏墙外分左右摆设十坛铁树，内则各植八棵罗汉松。

山门内是天王殿，为观音斗层檐风格。重檐上书"天王殿"三字，遒劲有力，为杭州书法家俞德明所书。门楣牌匾上写"七塔寺"三字，为沙孟海早年所书。殿内正中供奉大肚弥勒佛像，袒腹自在，笑容可掬，旁边配联"大肚能容，容天下难容之事；开口便笑，笑世间可笑之人"为宁波著名书法家凌近仁1986年所书。弥勒佛像背后为韦陀立像，顶盔束甲，庄严威武。两侧为四大天王塑像，其中东侧为增长天王、持国天王，西侧为广目天王、多闻天王。四大天王像高八米，彩塑甲胄，神采飞扬，凛然不可逼视。天王殿后门楣上高悬"三洲感应"匾额，为著名书法家启功所书。门楣上"韦驮殿"三字匾额为广州著名书法家连登所书。天王殿东西两侧为新建厢房，各设一法物流通处。厢房与天王殿之间有护墙相连，中开亭门以通内外，东西门楣分别镌刻"补陀示迹"和"临济正宗"，为著名书法家张海所书。

天王殿后，为寺院主殿圆通宝殿，乃清朝同治年间周文学母子发心所建，后又经过屡次破坏、维修，如今容光焕发，更显气势恢宏。其建筑样式为重檐歇山顶，前围梅花石石栏，殿堂四周石柱上镌刻着清代名家张家骧、童华、顾文彬等人所书的联语。殿堂匾额"圆通宝殿"四字则为当代著名书法家谭建丞所书。大殿正中供奉四十八臂（喻千手千眼）观音菩萨塑像一尊，其上悬挂匾额"济世慈航"，为七塔寺观音道场的显著特色。本尊观音塑像为1980年月西法师住持时以香樟木雕刻而成，高五点三米，重三千余斤，外部妆金，结跏趺坐于莲台上，妙相庄严,见者称叹。背后供奉杨枝观音画像一帧,高两点五米。四十八臂观音圣像左后侧为文殊菩萨,骑青狮,其上悬挂匾额"慧海慈云",右后侧为普贤菩萨,跨白象,高两米有余,其上悬挂匾额"圆通妙谛"。东西边墙壁上,镶嵌光绪二十年(1894)砖刻五百罗汉像,为国内所稀有,弥足珍贵。殿内东侧前方悬宋嘉定十一年(1218)所铸大钟一口,重七千斤;西侧前方架法鼓一面,直径近两米。殿后门楣上悬挂"慈航普度"匾额,为天童寺广修长老所书。

圆通宝殿后为三圣殿,亦为歇山顶建筑。"三圣殿"匾额为清代翰林院编修、长沙萧荣爵所书。殿内供奉西方三圣像阿弥陀佛、观世音菩萨和大势至菩萨,各高八米有余,金光赫赫,甲于诸方。三圣像背后,供奉千手千眼观世音菩萨鎏金圣像一尊,形容殊胜,端庄慈悲。三圣殿后门楣上悬挂"莲邦净域"匾额,为上海著名书画家陈佩秋所书。

三圣殿后是法堂暨藏经楼,楼前有小石桥,桥下为锦鲤池。一楼法堂,匾额"法堂"由中国佛教协会原会长传印长老所书。法堂正中供奉一米三高汉白玉释迦牟尼坐像一尊,佛像前高设法座,良辰吉日,住持和尚于此升座说法,传授法徒,故称

"法堂"。楼上为藏经楼,"藏经楼"三字匾额为南怀瑾所书。楼内藏乾隆版《大清龙藏》、影印《宋碛砂藏》、日本《大正新修大藏经》《卍续藏经》等,以及二百八十余片梵文贝叶经。

藏经楼东为玉佛阁,"玉佛阁"三字匾额为寒山寺性空长老所书,为七塔寺常住开会、学习场所。楼下为慈荫堂,"慈荫堂"三字匾额为民国陶思曾所题,为纪念中兴祖师慈运长老之所,内中供奉慈运长老画像和塑像。法堂西侧为华严阁。

法堂后为祖师堂暨方丈室,"方丈"匾额为民国书法家陈修榆所书。丈室西侧是开山祖师塔室,"心镜禅师真身舍利塔"横幅为著名书画家连登所书。室内供奉七塔寺开山祖师心镜藏奂禅师舍利塔,塔基正面刻"唐敕赐心镜禅师真身舍利塔"十二字,上款刻"大清光绪丙午",下款刻"住持慈运重修"。塔基上为舍利塔,塔分为塔刹、塔身和塔座三部分,其中塔刹和塔座为慈运长老所建,塔身则为唐时原物,周身刻有铭文及《佛顶尊胜陀罗尼咒》。塔后为新刻《心镜大师碑》碑文,碑文系唐朝咸通年间明州刺史崔琪撰写,当代著名书法家沈定庵所书。塔室西侧为先觉堂,供奉历代住持排位。

轴线东、西两侧为钟鼓二楼、东西厢房、香积厨、云来居、库房等建筑。其中，钟鼓二楼皆为三层猎角式建筑，位于圆通宝殿东西两侧靠前方。钟楼位于东侧，为清代建筑，近年维修一新。其一楼为地藏宝殿，供奉地藏菩萨，"地藏宝殿"四字匾额为河北乐亭书法家少康 2005 年所题，顶层悬挂南宋时所铸铜钟一口，重达九千斤。鼓楼位于西侧，为近年新建，"鼓楼"二字匾额为可祥法师所题，样式与钟楼相仿，二楼置大鼓一面，直径两米余，底层为观音宝殿，"观音宝殿"四字匾额为南海戒忍所题，中间供奉桧木刻十一面观音菩萨圣像一尊，通高六米八，被誉为"佛教文化与造像艺术完美结合的经典之作"。楼旁立《新建鼓楼记》碑，由传印长老撰文，著名书法家康默如所书。东、西厢房均为两层，东厢房主要设施有：一楼佛事接待处、五观堂（明旸题额）、客堂，二楼为僧寮、如镜寮等；西厢房主要设施有：一楼果德堂、光明堂、觉知堂，二楼为僧寮及挂单寮等。

除传统的伽蓝七堂建置外，七塔寺还与时俱进地进行了"西扩工程"建设，包括禅学堂、报恩大讲堂、栖心图书馆等建置。从 2006 年下半年开始规划设计、行政报批、建设招标，2011 年 5 月 31 日正式开工建设，2015 年底"西扩工程"全面竣工，前后用时九年，为清末慈运长老中兴七塔寺百年之后的又一项重大工程。"西扩工程"的完工满足了寺院禅修活动、教学研究、图书阅览、车辆停放等需要，为更高层次的弘法利生与文化建设提供了有力的硬件保障。近年来，寺院还积极推进"两馆三园"工程建设。"两馆三园"项目包含东南侧的栖心图书馆（新馆）、西南侧东津艺术馆，以及寺院东北角以樱花为主题的樱花园、栖心图书馆（新馆）周边以银杏为主题的银杏园、东津艺术馆周边以桂花为主题的桂花园。三个公园与两馆建筑形态风格和周边环境相呼应，景观采用树阵的布局，设计了水景、广场等功能，景观道路曲径通幽，移步换景。项目完成后，将形成以七塔禅寺为核心的佛教文化展示空间、以栖心图书馆为核心的公共阅读空间、以东津艺术馆为核心的艺术展览空间，成为象征宁波书香文化、佛教文化的新地标，不仅可以将七塔寺建设成一个兼具现代风格与古典禅韵的都市丛林，对于城市集体记忆的打造更是具有深远意义。

第四节 七塔寺宗风

作为浙东四大佛教丛林之一，有着一千一百多年历史的七塔寺在历史上几易其名，而每次易名都与宗风相关。在历史上，禅宗、天台宗和观音信仰都曾在七塔寺大放异彩，尤其是禅宗五家七宗之一的临济宗，更是将七塔寺作为中兴祖庭之一。本节将七塔寺临济宗法脉以及天台宗和观音信仰之关系，做一简单介绍。

一、临济宗风

禅宗自六祖慧能之后，分为五家宗派，即临济宗、曹洞宗、沩仰宗、云门宗以及法眼宗，这就是禅宗初祖菩提达摩所悬记的"一花开五叶，结果自然成"。其中，临济宗日后又分出两个法系，即以江西宜春杨岐方会为首的杨岐派和以南昌黄龙山慧南大师为首的黄龙派。如此便同之前的五家，共同形成"五家七宗"的繁盛局面。临济宗禅风机锋凌厉，棒喝峻烈，黄忏华在《佛教各宗大意》中对临济宗风有如下描述：

此宗之家风，机锋峻烈，如迅雷之走疾风。凡僧有所问，即喝破或擒住托开等。其接化之热烈辛辣，五家中罕见其比。如《万法归心录》云：临济家风，白拈手段。势如山崩，机似电卷。又《五家宗旨纂要》云：临济家风，全机大用，棒喝齐施。虎骤龙奔，星驰电掣。负冲天意气，用格外提持。卷舒纵擒，杀活自在，扫除情见，迥脱廉纤。以无位真人为宗，或喝或棒，或竖拂明之。①

无论是接引迷途学人，还是阐扬佛法大义，临济宗都是新意迭出，不拘成法，是五家中影响力最广、渗透力最强的一家，直到现在，中国许多著名禅宗寺院亦多属于这个法派。从《七塔寺志》卷五与《七塔报恩寺宗谱》所载的"法嗣线图"可知，清末七塔寺慈运法师所传的临济禅法即属于杨岐一派，其法嗣传承如下：

临济义玄—兴化存奖—宝应慧颙—风穴延沼—首山省念—汾阳善昭—石霜楚圆—杨岐方会—白云守端—五祖法演—圆悟克勤—虎丘绍隆—天童昙华—密庵咸杰—卧龙祖先—径山师范—雪岩祖钦—高峰原妙—中峰明本—千岩元

---

① 黄忏华：《佛教各宗大意》，文津出版社1984年版，第392、393页。

长—万峰时蔚—宝藏普持—东明慧旵—海舟普慈—宝峰明瑄—天奇本瑞—绝学正聪—月心德宝—禹门正传—密云圆悟—林野通奇—无碍行彻—纪安大经—悟性源达—界清远信—云光化正—纯经导琇—普洽英皓—慈运灵慧。

从以上法嗣传承可以看出，慈运长老属临济正宗第三十九代传人，正是在他手中，临济宗得以复兴。下面将从上述三十九世祖中拣择几位，对其师徒间禅风交错、勘验接引的公案略作介绍，以便读者对临济宗风有直观形象的认识。

（白云上堂）乾坤之内，宇宙之间，中有一宝，秘在形山。大众：眼在鼻上，脚在肚下。且道宝在什么处？（良久曰）人面不知何处去，桃花依旧笑春风。①

白云守端禅师早年曾经拜在杨岐方会门下，经杨岐大师点拨开悟而成为一代宗师，临济宗杨岐派也经他而发扬光大。上

---

① 转引自贾汝臻编：《七塔寺人物志》，宗教文化出版社2008年版，第136页。

述法语所谓"秘在形山"的宝贝，即指本具璀璨光辉的光明自性。最后所引两句唐诗意为，虽然时过境迁，物是人非，但是自然风韵却是万古长存。这一则上法堂语意在指出自性即佛，佛在心中。天地间最为珍贵的宝贝，莫过于自性之宝，明心见性，及身而悟，就在每个人的身上，如影随形，即使斗转星移，世事变迁，自性的宝藏也仍然像今日桃花一般，笑对春风。

（中峰明本）因观流泉有省，白峰（高峰原妙），峰打趁。既而民间传有司选童男女甚急，师问："忽有人问和尚讨童男女时如何？"峰曰："我但度竹篦子与他。"师于言下洞然，彻法源底。峰乃自题真赞付之曰："我相不思议，佛祖莫能窥。独许不肖儿，得见半边鼻。"①

中峰明本是元代著名禅师，被誉为"江南古佛"，他与其师父高峰原妙间的这段对话，是禅宗史上的著名公案。中峰最初观泉有感，只能算作初悟，尚在入门阶段，因而被高峰原妙打

---

① 转引自贾汝臻编：《七塔寺人物志》，宗教文化出版社2008年版，第138页。

了出去。"竹篦子"则是禅堂僧值用以监督坐禅者的竹制长板。坐禅时若有人走神,僧值即用此竹篦子敲打提醒,主法者也常在恰当时机用以促逼学人开悟见性,是临济禅林不可或缺的法物之一。如果正面回答中峰的问题,就必定要面对佛门是否有童男童女这一问题,并陷入与佛教戒律相关的一堆纠葛中,从而如堕五里雾中,拎扯不清。高峰原妙以竹篦子作答,如快刀斩乱麻,将那些纠葛统统截断,引导人截断猜疑,回参本来面目,中峰也因此彻悟法源。高峰原妙的四句偈语意思是说:诸法实相不可以用常理来窥测体悟,即使佛祖也不能见其边际。只有那些"不向如来行处行"的不肖儿,那些不执着于语言文字,敢于直下承担者,才有能力一窥其体。中峰截断猜疑而彻悟,并最终得传心法,成为高峰原妙门下最得意的弟子。

　　宝峰(宝峰明瑄)因天奇瑞参,师问:"甚处来?"曰:"北京。"师曰:"别有去处么?"曰:"随方潇洒。"师曰:"曾到四川否?"曰:"到。"师曰:"四川境界与此间如何?"曰:"江山虽异,风月一般。"师竖拳曰:"还有者个么?"曰:"无。"师曰:"因甚却无?"曰:"非我境界。"师曰:

"如何是汝境界？"曰："诸佛不能识，谁敢强定名？"师曰："汝岂不是著空？"曰："终不向鬼窟里作活计。"师曰："西天九十六种外道，汝是第一。"瑞拂袖便行。①

宝峰和天奇本瑞之间的这则问答，是禅宗典型的修行境界的勘验。天奇禅师在蜀中开悟，在宝峰处得到印可。宝峰见天奇来访，先问他从何处来，这是禅师接引学人的常用方法。天奇回答"北京"，是实答。宝峰又问"别有去处么"，天奇答"随方潇洒"，则是虚答，是禅机，意在表明自己已达心无挂碍、随缘任运之境。此后"江山虽异，风月一般"，表明自己已经超越了事相的美丑、荣枯等相对概念，进入平等无二的境界。宝峰举拳问"有没有这个"，即在问是否还有我和我所的观念。此时天奇已经彻悟，不再执着这种二元对待的观念，因而回答"非我境界"。那么，天奇的境界又是什么呢？天奇答道"诸佛不能识，谁敢强定名"，意为明心见性的境界无名无相、超越言筌，是不可思议、不可言说的，甚至连佛祖也说不出来。宝峰

---

① 转引自贾汝臻编：《七塔寺人物志》，宗教文化出版社2008年版，第142页。

担心天奇因此落入空相，天奇又说"终不向鬼窟里作活计"，表明自己已经超越生死循环，万法一如，皆在自性，不会在鬼窟里瞎忙了。此时，天奇的修正境界已经完全展露在宝峰面前。宝峰知其已明心见性，只是不知天奇是否懂得用心，故说天奇是外道第一，以为勘验。天奇若加以辩解，即表示自己尚在理地的认知境界，于事相上还未圆融无碍。所幸天奇拂袖而走，显示出悟道后的禅者自在洒脱、从容无碍的境界，以实际行动通过了宝峰禅师的考验。

在这则公案中，宝峰禅师的高明之处在于，运用临济禅法勘验天奇的修正境界，印证了天奇所具有的正法眼。这种勘验方法敲骨击髓，直探心源，非于禅修有实修实证者不能通过。这场看似平淡无奇的日常问答，实则暗藏机锋，师徒在电光石火之间，心心相印，法法传承，演出了一场"非尔莫证，非我莫识"的传法、印证的双簧。

参天奇，执侍久之。一日奇问："在世忘世时如何？"师曰："了物非物。"曰："在念忘念时如何？"师曰："于心无心。"曰："心物俱忘时如何？"师曰："华山高突兀，太行峰嵯峨。"奇乃付偈曰："破情情破破还情，绝迹无私精内精。知是个中今不惜，尽籝分付与仁行。"①

天奇与正聪间这则公案反映的仍然是禅宗传法、印可的过程。正聪禅师正是通过天奇禅师的勘验，显示了自己对于心地法门的认知见解，其中"了物非物"是一个最基本的认知阶段，尚未进入究竟的境界，而"于心无心"表明正聪实际上证得了一个更高的境界。禅宗的究竟，是一种超越一切、无所挂碍的境界，只有心物两忘，方可自由自在。面对"心物俱忘时如何"的问题，正聪答道"华山高突兀，太行峰嵯峨"，意在表明自己已彻悟真如，诸法虽然无我，但是事相却历历宛然，丝毫不爽，犹如华岳与太行，前者高耸入云，后者连绵不绝，彼此间圆融无碍，并立于天地之间，自己则像站在华山之巅、太行之峰，既一览众山小，又明察秋毫之末，不受其障碍。天奇禅师认为正聪禅师已经勘破情识，绝迹无私，因而付其法偈，认其为得法弟子，此后便可以随缘度众、任运道

---

① 转引自贾汝臻编：《七塔寺人物志》，宗教文化出版社2008年版，第146页。

遥了。

上天童省觐，童乃命令侍者。一日值雪，童问："好雪因甚不落别处？"师曰："只为大地无寸土。"童曰："既无寸土，毕竟落在甚处？"师曰："前山与后山。"①

天童寺密云圆悟禅师是明代最有影响力的临济宗僧人，浮石通贤是其十二大弟子之一。浮石通贤去天童拜见密云圆悟，在密云圆悟身边当侍者。一天下雪，密云圆悟想起庞蕴居士"好雪片片，不落别处"的公案②，以此来勘验徒弟浮石通贤的修正境界。庞居士的公案，意在说明天下万物，无论大小尊卑，都各得其所，不相妨碍，若问为何，皆因其本来如此。密云圆悟不问雪落何处，却从另外一角度问好雪为什么不在别处落。浮石通贤回答说"只为大地无寸土"，实则沿用了禅宗"若人识

---

① 转引自贾汝臻编：《七塔寺人物志》，宗教文化出版社2008年版，第149页。
② 居士（庞蕴）因辞药山，山命十禅客相送。至门首，士乃指空中雪曰："好雪片片，不落别处。"有全禅客曰："落在甚处？"士遂与一掌。全曰："也不得草草。"士曰："恁么称禅客，阎罗老子未放你在。"全曰："居士作么生？"士又掌，曰："眼见如盲，口说如哑。"

得心，大地无寸土"的名言。禅修而至一定境界，即可身心脱落，一念顿歇，识得大地本无寸土。既然大地无寸土，好雪自然不落别处。浮石通贤既回答了老师的提问，又表明了自己的修证境界。然而"大地无寸土"的境界也只是证得了空性，若就此止步，以此为究竟，就会落入顽空、豁达空，而不是圣义谛所谓的"真空"。真空不空，实含妙有。因而密云圆悟又问雪究竟落在何处。浮石通贤回答说"前山与后山"，得到了密云圆悟的首肯。雪不落别处，因为真空；雪落山前山后，因为妙有。真空为体，妙有为用，即体起用，真空生妙有，妙有不碍真空，空有一而不异，二而不二，这才是真空妙有的关系。

二、观音信仰与天台义学

在佛教八万四千万亿那由他诸佛中，中国民间信仰影响最广泛的既不是阿弥陀佛，也不是弥勒佛，甚至不是释迦牟尼佛，而是观音菩萨。观音菩萨又称光世音、观世音、观自在，唐时因避李世民之讳而略去"世"字，故称观音。西汉末年，观音菩萨随佛教的传入一起进入中国，从敦煌莫高窟壁画和南北朝雕塑可以看出，早期的观音塑像为男身，嘴唇上还有两撇小胡子，直到南北朝晚期和隋唐初年，观音塑像才出现女身。

观音信仰是以观音菩萨为崇奉对象的佛教信仰。二十五圣之中，观音菩萨耳根圆通，最为殊胜，《法华经·普门品》说："众生被困厄，无量苦逼身，观音妙智力，能救世间苦。"意思是如果众生遇到危难，只要诵念观世音菩萨的名号，观音菩萨即会循声前往拯救。观音信仰将注意力集中在现世，而不是将众生接引到来世的净土，也不仅仅是为人消灾免罪，救苦救难。观音信仰有两个显著特点：一是"借他力"，也就是说主要不是依靠自己的努力修行，而是通过诵念观音菩萨名号，借助其慈悲大愿来解脱苦海；二是"易行道"，净土法门简单易行，不必长坐枯禅或深参佛理，只需做功德或诵念名号即可求得正果。正因如此，观音信仰在民间极受欢迎。

在佛教中，佛是最高的品位，并且同时具备自觉（如实了知一切法的性质相状）、觉他（平等普遍地觉悟他人）、觉行圆满（自觉觉他的智慧和功德均已达到圆满境地）三种德行，而观音的品位只是菩萨，次于佛，在德行上，也仅仅只有自觉、觉他两个层次。在净土法门中，观音菩萨虽是以弥陀净土接引菩萨的身份出现，但是由于其在中国佛教中居于四大菩萨之首，因而有着广泛的民间信众。观音信仰之所以有如此大的影响力，既有自身的原因，又在很大程度上依赖天台宗的推动。

观音信仰属于广义的净土法门。中国的净土法门包括弥陀净土和弥勒净土，前者以往生西方极乐世界为最终目标，而后者则是兜率天国。净土宗并没有师徒传授的法脉宗谱，净土各祖之间也并没有直接的传承关系，而是依靠其他宗派，尤其是禅宗、华严宗、唯识宗与天台宗的高僧传播净土观念。其中，天台宗与净土宗关系最为密切。在江南地区，净土法门的存在形式主要表现在与天台宗的结合上。天台宗或吸收净土宗理论丰富自身教义，或用天台义学阐释净土法门，许多天台宗高僧也是净宗祖师，以净土为其毕生追求。称念阿弥陀佛名号以往生净土是天台宗的传统，"从古洎今，台宗大德，无不皆以净土为归"，净土宗十三祖里面，天台宗弟子占了六位。

观音信仰与《法华经》的流传也有关系。《法华经》全称《妙法莲华经》，是世尊晚年开示本怀的圆熟之说，被天台宗奉为本宗经典，隋唐以前就在江南地区流传。《法华经》提出"开权显实""会三归一"的思想，融会三乘为一乘（佛乘），以"声闻""缘觉"二乘为方便（权）说，"二乘"以成佛为最终目标，开启了"回小向大"的门径，这就是《法华经》的主要宗旨，在佛教思想史上占有至关重要的地位。《法华经》催生了两大信仰：一是五百罗汉信仰，主要通过《法华经·五百弟子授记品》的传播来实现，传说天台山石梁桥即是五百罗汉道场；二是观音信仰，主要通过《法华经·普门品》的传播来实现，普陀山则是观音道场。天台宗诸祖多有为《法华经》作注疏论释者，《法华经》及其注疏的广泛流传，对观音信仰的传播起到很大的推动作用。隋代以后，天台宗就一直是观音信仰在江南流行的主要动力。

天台宗湛然大师认为，《法华经》二十八品中，第二方便品、十四安乐行品、十六如来寿量品、二十五观世音菩萨普门品四品为最重要。方便品是迹门的眼目，如来寿量品是本门的精要，安乐行品是修行的规范，观世间菩萨普门品是化他无穷的应用。《法华经·观世音菩萨普门品》就是宣扬观世音的："尔时无尽意菩萨即从座起，偏袒右肩，合掌向佛而作是言：'世尊，观世音菩萨以何因缘名观世音？'佛告无尽意菩萨：'善男子，若有无量百千万亿众生，受诸苦恼，闻是观世音菩萨，一心称名。观世音菩萨即时观其音声，皆得解脱。'"观世音菩萨随类化度，不分贵贱贤愚、男女老少，有求必应。为教化不同众生，观世音常因时代、环境、风土人情、文化传统、众生根器的不同，示现出种种不同的形相。

可见，《观世音菩萨普门品》是《法华经》的归宿。因此，智𫖮特作《观世音菩萨普门品义》《观世音菩萨普门品玄义》各两卷，《请观世音菩萨消伏毒害陀罗尼经疏》《请观音经疏》《请观音忏法》各一卷，在《法华经》基础上，特别突出观世音。天台宗匠中单独注释观世音的，还有灌顶《国清百录》中的《请观音忏法》、遵式的《请观世音菩萨消伏害陀罗尼三昧仪》等。经过《法华经》的启蒙和天台宗的推动，净土法门与南海普陀山观音道场相呼应，使唐宋间江南的观音信仰有了一个新起点。到明中期，南京"僧道无端创为迎接观音等会，倾街动市，奔走如狂"，表明江南民间已经出现持续的观音信仰热潮。

第二章

法门龙象

　　人能弘道，非道弘人；佛教三宝，僧居其一。正法久住世间，必得一辈辈高僧大德闲云卓锡，法雨传灯，方可成就。人生立命，必有其地；地方当兴，必得其人。七塔寺从建寺伊始至今，涌现过无数游戏三藏、戒行高深的大德，举其著者，仅近代以来即有慈运法师、岐昌法师、道阶法师、常西法师、圆瑛法师、溥常法师、桂仑禅师等。有为者不择地而成，然而人无百年，却功成万代，这些高僧在七塔寺的修行作务，不但圆成了自身的境界，更使七塔寺声闻广被，为缁素所钦。

第一节 心镜禅师

　　七塔寺现今的山门两侧门楣刻有"东津禅院"和"栖心兰若"字样。"东津禅院"指的就是七塔寺；兰若是佛教名词，其原意为森林、清修之地，也就是寂静无烦恼的地方，后来泛指一般的佛教寺庙，在某种程度上，"栖心兰若"也暗示了佛法修炼的要义。中国许多汉传佛教寺庙以"兰若"为名，如山西太原兰若寺、忻州兰若寺、湖北黄袍山兰若寺、云南大理兰若寺、江西吉安兰若寺等。寺庙重名，几乎是中国佛教寺庙的一个特色，但寺以"栖心"为名者，除了宁波的七塔寺，全国恐怕再也找不出第二个，而将"栖心"与"兰若"并称者，更是绝无仅有。这两道匾额除了指示七塔寺本身，实际上还别有深意。"东津禅院"蕴含着一段神奇的传说，"栖心兰若"则讲述着一个动人的故事，这两件事情的主角却是同一个人，他就是七塔寺的开山祖师——心镜藏奂禅师。

一、神通示现

　　心镜禅师俗姓朱，苏州华亭（今上海）人，一生富于传奇色彩，其平生事迹也多与神通灵异有关。其母怀孕及分娩时均有异兆，周围经常香气弥漫。心镜禅师自小聪颖异常，曾失足落井，却蒙神人托举而出。此事在乡间广为流传，人们也都认定此孩童来历非凡，将来必定大有作为。幼年间的某些经历会对一个人性格的养成产生难以估量的影响，这一点已经被现代心理学反复证实。有理由推测，在众人赞许声中成长起来的心镜禅师，小时候必定是自信且勇敢，或许也正是这种深刻的心理体验，支撑他日后面对种种劫难时表现出刚坚勇毅的可贵品格。

　　心镜禅师少年出家，二十岁时受具足戒，与母亲的感情异常深厚。在他受戒离家期间，其母因思念儿子而哭瞎双眼，他受戒归来，其母双眼复明。母亲去世后，心镜禅师悲痛欲绝，立誓为母亲守墓，其间现种种瑞相，心镜禅师因此声名远播。由于其声望日隆，前来参学悟道者云集影从，以至所居茅棚容纳不下，不得已只得再造新屋。四众弟子感其德行，纷纷捐物出资，很快形成了一座新的道场。其时道场外有一湖泊，里面住有妖神，搅得湖水腥膻恶臭，不但水族深受其害，道场的庄严清净也大受影响。当地居民虽建祠供奉祝祷，无奈妖神不为所动。心镜禅师发菩萨心，起大悲念，亲自到祠堂宣示佛法，劝诫妖神，宜自修德求福，不可再祸害水族和人民。妖神惧于心镜禅师法力，从此不敢兴风作浪，湖中水族也由此躲过一劫。

　　心镜禅师神通广大，非止一端。今天童山隐龙潭就是他当年悲悯神龙不能清净修行，而以咒语加持，将神龙收入钵内，移至太白峰所成。后又听说小白岭有巨蟒拦截过往商旅香客，心镜禅师遂只身来到岭上，持咒施食，摄其皈依，巨蟒遂于畜生道解脱，禅师将其遗骸焚化，并于其上建塔镇之。此镇蟒塔历经千年风雨，依然挺立于小白岭，如今已成为天童古道旁一道亮丽的风景线。心镜禅师当时布施给巨蟒的馒头后来化为石头，外白内黑，遍布岭上地下，当地俗称"馒头石"，至今犹存。宋末高僧无学祖元曾有诗赞曰：

咒声一出鬼神愁，甘露缦山百毒收。
小白岭分南北路，至今蛇咬石馒头。

古代传说甚至灯录、公案中都有很多奇异神通的故事，甚或专辟部类以纪其事。怪力乱神，圣贤不语，但神秘性本来就是宗教的一大基本特性，佛教也不能自外其例。种种神通事迹，或为接引愚迷而杜撰，或实有其事，皆有其因缘所在。禅宗有"指月"之喻，"指"喻言教，而"月"喻心性，法为人设，一切言教无非示机方便，恰如以指指月，引人因指见月。以言教而显示实相，但言教本身并非实相，"若复观指，以为月体，此人岂唯亡失月轮，亦亡其指"。禅宗只是教人明心见性，于梦幻泡影般的尘缘事相中，参悟人人本具的真如佛性，"六尘缘影，为自心相"，无论是传奇的神话故事，还是现实中痛苦的人生经历，都应如是对待，而不必纠结其必有必无。

二、心镜法源

为母守孝期满后，心镜禅师重新开始了参学访道的云水生涯，最后的参学地点是诸暨五泄山，他在那里顶礼五泄灵默禅师，成为其入室弟子。师徒间机锋砥砺，心镜禅师得以深契禅门要义。

灵山法会上佛祖拈花示众，只有大弟子迦叶尊者破颜微笑，佛陀于是宣布传正法眼藏于大迦叶，并以金襕袈裟作为传法信物，迦叶得传佛祖心印而为印度禅宗初祖。公元5世纪，印度禅宗第二十八代祖师菩提达摩来到中国，作为中国禅宗初祖，达摩于少林寺面壁九年，传法于二祖慧可，慧可传三祖僧璨，僧璨传四祖道信，道信传五祖弘忍，弘忍传六祖慧能。慧能的思想集中体现在《坛经》里，他主张成佛不必向外求索，甚至不必执着于诵经念佛、打坐参禅，而只要找回自己本来就已经具有的佛性，开发自性而成佛道，这就是"不立文字，教外别传，直指人心，见性成佛"的思想。慧能以前，禅宗主要是单传，祖祖之间内传心法，外传衣钵，无形中限制了禅宗的发展。鉴于此，六祖之后，只传心法，衣止不传。六祖得法弟子众多，其中又以南岳怀让、青原行思、永嘉玄觉、南阳慧忠和菏泽神会五大弟子最为特出。此五人中，又以南岳怀让和青原行思为翘楚，二人分别开创了南岳系和青原系两大禅宗门派。

南岳怀让在六祖身边参学八年，以自性"说似一物即不中"的卓越见解而深为六祖赞许，被印可付法。怀让门下有入室弟子六位，其中又以马祖道一为佼佼者。马祖法器天然，六祖在世时即预言"一马踏杀天下人"，禅宗著名公案"磨砖作镜"即是怀让对马祖的教诲。马祖在怀让身边侍奉十年，尽得怀让禅法玄奥，后以江西洪州为中心，阐扬曹溪宗风，建立了禅宗史上著名的洪州宗。洪州宗对中国佛教产生了深远影响，禅宗"五家七宗"里，临济宗与沩仰宗就是由洪州宗分化而来，尤其临济宗一直流传至今，有"临济儿孙遍天下"之说。

在六祖众弟子中，青原行思因见解超群而居首座。初见六祖，青原行思即问："当何所务，即不落阶级。"六祖反问："汝曾做什么？"答道："圣谛亦不为。"六祖又问："落何阶级？"答道："圣谛尚不为，何阶级之有。"青原行思后来辞别六祖，开山授徒，盛况堪比南岳怀让。其门下弟子以石头希迁名声最著。当初石头从曹溪初参青原，青原问他："从曹溪带来了什么？"石头答道："未到曹溪前，原本也没有失落过什么。"青原又问："那你又去曹溪做什么呢？"石头答道："不去曹溪，怎么知道自己没有失落过什么呢？"意思是佛法自性本来具足，不生不灭，不增不减，但是如果不去曹溪，没有老师指导，就不会有这样的体悟。故青原行思称赞道："众角虽多，一麟足矣。"足见其出类拔萃。

石头长马祖九岁，马祖先石头两年化去，二人均为六祖之后的宗门巨匠，当时禅林即由此二人平分天下，正所谓"江西主大寂（马祖谥号），湖南主石头，往来憧憧，并凑二大士之门矣"。心镜禅师的师父五泄灵默在马祖门下出家，在石头和尚处悟道。唐贞元元年（785），灵默入住天台宗道场天台山，天台山智者大师曾悬记曰："此地严妙，非杂器所栖。若能居此，与吾无异。"元和十三年（818），灵默禅师预知自己化缘已毕，临终前澡沐焚香，于绳床端坐。弟子问道："和尚向什么处去？"灵默禅师答道："'无'处去。"弟子又问："某甲何以不见？"灵默禅师答道："非眼所睹。"了脱生死，进入不生不灭的涅槃境界，是古来一切大修行者的理想归宿。涅槃境界非情念可测度，既非六根所对，又非六尘所住，更非六识所辨，乃是空灵自在的大圆满，其空无体性自然不是凡夫以肉眼可以看到的。

三、会昌法难

心镜禅师在五泄灵默禅师座下彻悟本源，正当要一展身手之际，继北魏太武帝灭佛和北周武帝灭佛之后的又一次佛教浩劫正在悄然酝酿。

佛教发展在唐朝虽然经历了一个黄金时代，但是并不是每个皇帝都对佛教情有独钟。唐中期以后，佛教发展日益兴盛，僧尼不服徭役，不事生产，许多人为了免除徭役也削发出家，因而僧尼数量越来越多，寺庙规模也越来越大。寺院和僧尼数量激增，必然加重国库的负担。另外，佛教初来，就与中国本土的儒家和道家思想有诸多矛盾，在发展过程中一直受到后者的排挤。唐武宗时，一些士大夫更是将佛教的发展视为威胁儒家正统的异端邪说，排佛的呼声愈加强烈。以赵归真为代表的道士也推波助澜，加之武宗皇帝笃信道教、迷信长生之术，会昌法难的发生就不待智者而后知了。

不论灭佛兴道，还是重佛抑道，都表现出浓重的偏执倾向，初唐时对异样文化兼收并蓄的气度和信心已丧失殆尽。这场法难中，损失最大的莫过于教门，对法华宗、华严宗、唯识宗等依据经典传教的大乘法派而言，经典的毁灭无疑是致命的打击，这些宗派一蹶不振，再也没有恢复到盛唐时的繁荣局面。倒是禅宗，由于不立文字，对经典的依赖性相对较小，又因提倡农禅并重，在社会动荡时期也可以自给自足，所以受到的影响不是很大，反而在法难后大有发展。宋时禅宗分为五家七宗，两宋后五家七宗之中就只有临济宗一枝独秀了。

四、舍宅为寺

所幸的是，会昌法难在仇视佛教的武宗去世后也很快结束了。会昌六年（846）三月，武宗病死，宣宗于其灵前即位。唐宣宗是一个富有传奇色彩的皇帝，他假装痴呆、韬光养晦进而成为一名强势皇帝，并以此留名后世，其声誉甚至可比肩先祖李世民，被誉为"小太宗"。因为即位前的出家经历，尤其是与黄檗希运禅师、香岩智闲禅师、齐安法师的交往，他对佛教怀有浓厚而亲切的感情。即位短短两个月后，他不但下诏恢复会昌法难期间被毁灭的寺庙，而且在各州设立戒坛，使当年被迫还俗的僧尼重新受戒。宣宗的大力支持，致使佛教发展出现了一个"小阳春"。

在宣宗即位的第十二个年头，即公元858年，任景求将自己在甬东的住宅出舍为寺院，名为"东津禅院"。任景求，字贞颖，祖籍苏州，生于唐德宗建中二年（781）正月初四未时，历仕殿中侍御史、中丞。穆宗长庆壬寅岁（822），因直言被贬为明州判官，遂治第甬东东津，贯籍于鄞。文宗太和（827—835）中，任江西分宁（今修水）令。武宗会昌年间（841—846）挈家居甬。宣宗大中十二年（858），将东津旧居舍建栖心寺，以守祖茔，于寺东庑功德祠奉祀先祖。唐懿宗咸通七年（866）九月十九日未时卒，寿八十六岁。

舍宅为寺在唐以前即已有之。实际上，中国早期的寺院大都是舍宅为寺。佛教有六度①，布施即其一也，而布施又有财施、法施和无畏施等形式。虽然《金刚经》主张"菩萨应无所住而行布施"，布施应三轮体空②，但作为财施的一种形式，舍宅为寺无疑是世俗眼中最有价值的，王献之、白居易、范仲淹、王安石等人均曾务此而为。佛教西来后，中原地区建立的第一座寺庙——白马寺即是舍宅为寺。汉末至南北朝时期，舍宅为寺之风大盛，早在东吴时期即已有舍宅为寺之举，到了东晋南朝时，由于帝王和世族对于佛教的青睐，施舍供奉者更是大有人在。其时佛寺之多，出人意表，仅北魏一朝，佛教寺庙即达三万座，其中大多数是舍宅为寺。唐宋以降则一仍其旧。舍宅

---

① 即布施、持戒、忍辱、精进、禅定、般若。
② 三轮体空指布施时应有的态度，即布施时应住于空观，不执着能施、所施及施物三轮。

为寺固然有施主檀越对佛教甚至某个僧人的特殊信仰和情感作依托，但绝不仅仅如此简单。实际情况表明，施主往往对所舍寺庙享有相当的权利，如命名权、使用权，有的甚至专为家眷出家修行方便而设，以便于自己烧香拜佛做功德，还有的是典型的家庙，如王安石租田给太平兴国寺后，就曾要求寺庙为其父母儿子营办功德。这一情况在唐宋间于江南地区尤为显著。

我们今天已经无由得知任景求舍宅为寺的初衷，是出于对佛教的虔诚信仰，抑或出于个人需要，其出舍之后是否曾利用自身对寺庙的权利而干预寺务，亦未可知，但是任景求力排众议，竭力敦请心镜藏奂禅师住持禅院，则是有稽可考的："大中十二年，分宁令任景求舍宅建寺，请心镜大师居之。"①

任景求与心镜禅师同为桑梓。任景求舍宅之初，即有人质疑甚至阻挠，他遂向人讲述了二十年前的一件宿缘。原来，在建造这座宅院时，有一过路僧人告诉他要尽量扩大院门，因为二十年后将有圣人在此居住。而今屈指算来，刚好二十年。舍宅为寺，敦请心镜禅师住持，瓜熟蒂落，水到渠成，正应了神

---

① 陈寥士：《七塔寺志》卷三，中华佛教出版社、百通（香港）出版社2004年版，第1页。

僧的预言。

按唐制，殿中侍御史为从七品下，特派担任临时职务的大臣可自选中级官员奏请充任判官，以资佐理。唐睿宗以后，节度、观察、防御、团练等使皆有判官辅助处理事务，亦由本使选充，非正官而为僚佐；县令，京县、畿县有正五品上与正六品上，余自从六品上至从七品下。按照古代官员九品十八级的分级标准，从七品是第十四级，可见殿中侍御史、中丞和分宁令的位阶都不高，明州判官甚至都不是正式官员。任景求舍宅为寺时，已经悬车致仕，考虑到他并不显赫的官职，有理由相信，当时的"东津禅院"规模应该不会特别大，其建置也不会特别完全。但正所谓"南阳诸葛庐，西蜀子云亭，孔子云：'何陋之有'"，心镜禅师入主东津禅院后，大开法筵，广摄禅教，终至东津禅院禅风远播，盛极一时。遗憾的是，心镜禅师当时开示学人的法语公案均未载诸典籍，后人也无由窥其堂奥了。这或许是由于当时心镜大师身边缺少可堪重任的法门龙象，尚未形成一定规模的法门流派。尽管如此，我们还是可以从少量存世的文献中一睹东津禅院的盛况和心镜禅师的风采。据唐朝崔琪所作的《心镜大师碑》记载：

凡一动止，禅者毕集，环堂拥榻，堵立云会。大师学识泉涌，指鉴歧分。诘难排疑之众，攻坚索隐之士，皆立褰苦雾，坐泮坚冰，一言入神，永破沉惑。①

这段话是说，心镜禅师本人学识渊博，智慧如海，经常为大众排疑解难，指示迷途。不论云游还是住寺，参禅者总是如影随形地环绕在他身边，法堂和坐榻周围经常被围得密不透风，来问法请益的禅者僧众和文人雅士，经过他的点拨，无不顿开迷雾，廓散疑云。心镜禅师应机说法，言必有中，深中肯綮，使众生无名烦恼顿消，般若智慧自显。

五、栖心退敌

心镜禅师住寺后一年，即大中十三年（859），浙东兵乱，剡西（今嵊州）人裘甫率兵起事，并很快攻克象山、剡县等地。第二年，危及明州。乱军风掠火劫，所到之处远近为之不安。明州城门昼夜紧闭，以防不测，东津禅院也早已风闻乱军势大，

---

① 陈寥士：《七塔寺志·新补》，中华佛教出版社、百通（香港）出版社2004年版，第1、2页。

寺众纷纷四散奔逃，只有心镜禅师一人留守。一日，裘甫率两千余人气势汹汹闯入东津禅院，当此大敌当前、命如悬丝之时，心镜禅师禅坐如常，深入定中，岿然不为所动，似乎没有察觉这群不速之客。裘甫等人见此情景，竟然一时不知所措，不由面面相觑，向心镜禅师逡巡作礼而退，东津禅院也因此免遭兵火。

苏轼《留侯论》开宗明义说道："古之所谓豪杰之士，必有过人之节。人情有所不能忍者，匹夫见辱，拔剑而起，挺身而斗，此不足为勇也。天下有大勇者，卒然临之而不惊，无故加之而不怒。此其所挟持者甚大，而其志甚远也。"《孙子兵法》亦云："不战而屈人之兵，善之善者也。"心镜禅师不知兵事，然其于耳顺之年，以衰朽残躯，抗志守节，以道自任，如如不动，一默如雷，足可媲美空城退敌，不仅保全了东津禅院，无意间也成就了自己的名声。孟子论伯夷叔齐云，"闻伯夷之风者，顽夫廉，懦夫有立志"，范仲淹则称赞严光，谓其能"使贪夫廉，懦夫立，是大有功于名教也"，至如心镜禅师者，又何尝不能严顽立懦、起弊振衰呢？第二年，明州乡绅联名上奏朝廷，称颂心镜禅师大无畏的精神、八风不动的定力，以及德化一方的行止，并祈请朝廷改"东津禅院"为"栖心寺"，以彰显心镜禅师的德行。唐懿宗恩准，笃信佛教的宰相裴休特意书写了匾额，并捐赠了布帛。

"有不虞之誉，有求全之毁"，两年前任景求敦请心镜禅师住持东津禅院时，求全责备、多方阻挠的人一定想不到，两年后心镜禅师会因祸得福，被朝廷旌表而暴得大名。任景求本人也未必想到，这座由他的私宅改建的寺庙，日后会经历怎样的辉煌与劫难。以他本人的些小官职、微末前程，本来无缘见诸竹帛，但因其敦请心镜禅师，竟如遇青云之士，自己也随着这座寺庙的沉浮而勒石铭鼎、留芳千载了。甚至连心镜禅师也不曾想到，作为开山祖师，他不但住持了东津禅院这座寺庙本身，且以身示范，铸就了一种爱教护寺的精神，随着时间的流逝，这种精神愈加明显，成为后世七塔寺僧人在危难之际共同的价值选择。

六、栖心示寂

在成就了栖心寺最为光彩的一段因缘之后，心镜禅师于咸通七年（866）安然示寂。圆寂前，心镜禅师预知自己时日将至，便事先香汤沐浴，剃发更衣，告诉弟子自己七日后辞世，并嘱咐弟子在天童岩下挖好墓穴，届时遗体入龛，嗣三年后开龛荼毗。七日后，心镜禅师如期坐化。坐化最能体现出一个僧人与众不同的修行境界，凡人临终，大都躺卧在床，备受折磨，而禅定功深的僧人临终则能够保持坐姿，并且没有痛苦，无疾而终，深契涅槃寂静之旨。

门人弟子不胜悲哀，遵照心镜禅师的遗言处理完后事，又在坟前种植草木，勿使荒芜。三年后的一天，有浓烈的香气在空中弥散开来，这时众弟子才想起心镜禅师三年前的嘱托，知道大师开龛时机已经成熟，于是奔走相告，相约开龛。灵龛打开后，但见心镜禅师颜面如生，与住世时并无二致，方才明白大师即便往生日久，仍以一己生死昭示着佛法的真实不虚。大凡得道之人，在在处处，一切时中，语默动静，都是开示利益众生，即其往生西归，也不忘随机应化。只是众生障重，不能见道，以为大限将至，无所依止，故不免悲从中来。殊不知涅槃寂静，只是暂舍尘缘而不舍众生，得大自在，入涅槃界，得以成就佛教修行的最高目标，实在是可喜可贺，他时因缘际会，自会乘愿再来。

四众弟子在大师圆寂三周年这一天，按照印度佛教仪轨，将大师遗体在天童岩下茶毗。举火之时，祥风习习，彩云朵朵，瑞祥涌现，难以尽述。大师茶毗后，得舍利三千多粒，五色交辉，并不时有白光闪现冲天。佛经认为，舍利是因僧人生前勤修戒、定、慧三学和六波罗蜜的熏修功德而自然感得，代表了僧人的慈悲和智慧。三千舍利，正是心镜禅师一生不凡境界的表征。

三年后的咸通十三年（872），心镜禅师的弟子戒休法师奉大师舍利七颗赴京师长安，将大师事迹上奏朝廷。唐懿宗下旨于皇宫内道场供奉大师舍利，并颁旨褒谏藏奂禅师，赐谥号"心镜"，敕于栖心寺建塔供奉其余舍利，赐塔名曰"寿相"。第二年，栖心寺为心镜禅师建造了舍利塔和舍利殿，天童寺也于大师曾经降伏巨蟒的小白岭附近建造了舍利塔，并单独建造了寿相庵塔院，塑画大师形象以为供养。遗憾的是，天童塔院后来荒废，心镜大师舍利塔未能保存下来，现在天童东谷塔林中所供奉者，为改革开放后广修老和尚所重建。其后千余年间，栖心寺屡遭兵火，但心镜禅师舍利塔却奇迹般保存下来，经清慈运长老两次重修，已将损毁的塔基、塔刹修补齐全，现仍供奉于七塔寺内。

综观大师一生，生有异兆，长有建树，灭有祥瑞，其住持下的东津禅院，既为高僧开山，又蒙皇帝赐名，更兼宰相题匾捐帛，是七塔寺历史上最为光辉灿烂、为人称道的时期之一。当其对阵强人，岿然不为所动，颇有"天之将丧斯文也，后死者不得与于斯文也；天之未丧斯文也，匡人其如予何"的慷慨自信。其预知归期、料理后事，到安然示寂、入龛封植，再到启龛荼毗、屡现灵瑞，实为生死无碍、自在从容的得道禅者。"不凡之子，必异其生，大德之人，必得其寿"，师其当之！

第二节　慈运大师

人事有代谢，往来成古今。人事如此，寺庙也不例外，也会经历成、住、坏、空的发展过程。千年的漫长岁月中，七塔寺也不可避免地在历经低谷后，进入第二个关键时期。带领七塔寺走出低谷、走向振兴的，是一位名叫慈运的法师。

第二章 法门龙象

一、舍身护寺

慈运灵慧，俗姓朱，字灵慧，法名慈运，号皈依，湖南湘潭人。慈运法师幼年家贫，少年时往返于湘、鄂之间，以贩米为生。一日，贩米船只行至洞庭湖上，遭遇强盗打劫，盗贼见朱姓后生身材魁梧，相貌不凡，内心先生三分敬意，便想拉拢他落草为寇，啸聚江湖。朱姓后生临难不苟，不为所动，反对强盗晓以大义，劝说其弃暗投明。群盗虽未听从规劝，但也没有勉强他落草，不但归还了运米船只，还传谕江湖，不准打劫其船只。

这件事情必定给慈运法师年轻的心灵留下了非常深刻的印象，以至于在几十年后，他还经常向他的弟子圆瑛法师、智圆法师、常西法师、觉圆法师、溥常法师等人讲起。虽然没能说服群盗，但是他保护了贩米船只，赢得了群盗的尊重，在这场力量对比悬殊的对抗中，慈运法师取得了连自己都非常得意的胜利。坚刚不可夺其志，这是一种非常稳定且有效的心理范式，它不但保证了日后慈运法师对于佛教的虔诚热情，更使他有足够的勇气和力量，在日后的经历中克服重重困难，完成中兴七塔寺的神圣使命。

江湖号令是否得到了贯彻，慈运法师的贩米生涯又持续了多久，不得而知。不过可以确定的是，十八岁时，慈运法师在江西福田寺剃度出家了，两年后在五竺寺野禅和尚座下受具足戒。野禅和尚向其指示禅宗法门向上一著，慈运法师对此深信不疑，并由此奠定了其宣扬禅门玄妙宗旨的基础。对于慈运法师的出家因缘我们同样不得而知，人生无常、人事皆苦或许是触发其宗教情愫的重要契机。

从此，慈运法师开始了南北参学的云水生涯。咸丰年间，慈运法师挂单在鄞县接待寺，担任香灯一职。当时，太平军风头正健，"窃外夷之绪，崇天主之教"，对儒教、道教、佛教均持敌对排斥态度，故大军所过之处，学校、寺庙、道观、祠堂均毁坏无遗。据史料记载，太平军进入宁波之前，宁波城里有寺庙八十余座，太平军攻入宁波城后，凡佛教寺院，均遭劫掠焚毁。接待寺中僧人纷纷避乱潜行，唯独慈运法师一人留守，焚香跪拜，诵经礼佛，日课如常。一天，一队太平军闯入接待寺，见偌大的寺庙里只有慈运一人，举止安详，忙而不乱，不禁心生敬意，问道："你一个人留在这里，不怕死吗？"有了洞庭湖脱险的成功经验，在面对类似危难的时候,慈运法师心里自然平添了几分自信与从容,加之这些年云水参学,更是将个人生死置之度外。慈运法师微微笑道:"出家人早已参破生死,宁护寺而死,绝不舍佛求生。"纯正的发心不但再次保护了慈运法师,更保护了他坚守的接待寺。太平军感其忠义,特送他黄旗一面,命其张挂门前以为护符。此后太平军果然没有再骚扰过接待寺,接待寺成为此次浩劫中少数完整保存下来的寺庙之一。

塞翁得马,焉知非祸;塞翁失马,焉知非福。太平军撤离宁波后,接待寺僧人陆续返回寺院。寺主顾忌慈运法师恃功留恋,尾大不掉,竟借口僧多粥少,劝其迁单。慈运法师全然不以为意,一无所取,芒鞋瓦钵,只身移锡镇海永宁寺。慈运法师离开接待寺五十年后,接待寺住持子孙衰落,住持接待寺者,恰是慈运法师之法子。

八年后,慈运法师在鄞县云龙寺传普洽英皓祖灯,普洽英皓嗣法纯经导琇,属临济宗虎丘派密云圆悟法脉,成为禅门临济宗第三十九世正传弟子。又四年,慈运法师被推为宁波天童寺住持,任期三年。天童寺自西晋义兴创建以来,禅风颇盛,被誉为四明第一佛教圣地,宋时更是被列为禅宗五山之一。日本曹洞宗祖师道元法师在此师从长翁如净参学得法，后被日本曹洞宗尊为祖师，在中日佛教交流史上占有重要一席。慈运法师升座时，天童寺周围遭遇特大洪水，加之官吏豪强层层盘剥，天童四众生活无以为继。慈运法师临危受命，四处奔走，带领常住自力更生，终使天童再现生机，赢得缁素两界交口称赞。

二、重振七塔

历史总是惊人的相似。马克思说，一切伟大的事件和人物在历史上总是出现两次，第一次是作为悲剧出现的，第二次是作为喜剧出现的。在七塔寺，这个论断似乎发生了逆转。遥想当年，会昌法难，七塔寺的前身东津禅院正值佛教的劫后余生；千年以后，洪杨之役，佛教再遭荼毒，七塔寺却再没有了挺身护院、英勇无畏的心镜禅师，最终沦为一片焦土。曾国藩在《讨粤匪檄》中这样描述太平天国运动带来的灾难：

荼毒生灵数百余万，蹂躏州县五千余里，所过之境，船只无论大小，人民无论贫富，一概抢掠罄尽，寸草不留。其掳入贼中者，剥取衣服，搜括银钱，银满五两而不献贼者即行斩首。男子日给米一合，驱之临阵向前，驱之筑城浚濠。妇人日给米一合，驱之登陴守夜，驱之运米挑煤。妇女而不肯解脚者，则立斩其足以示众妇。船户而阴谋逃归者，则倒抬其尸以示众船。粤匪自处于安富尊荣，而视我两湖三江被胁之人曾犬豕牛马之不若。

……

自古生有功德，没则为神，王道治明，神道治幽，虽乱臣贼子穷凶极丑亦往往敬畏神祇。李自成至曲阜不犯圣庙，张献忠至梓潼亦祭文昌。粤匪焚郴州之学官，毁宣圣之木主，十哲两庑，狼藉满地。嗣是所过郡县，先毁庙宇，即忠臣义士如关帝岳王之凛凛，亦皆污其宫室，残其身首。以至佛寺、道院、城隍、社坛，无朝不焚，无像不灭。

太平军攻入宁波后，七塔寺不但殿宇、佛像、法器悉数被毁，而且经卷、档案、文献等资料也荡然无存。这是建寺千年以来遭遇的最大浩劫，以至于清朝之前的许多历史情况至今仍暂付阙如。寺庙长期萧条，香火不兴。虽然有周文学母子风雨无阻，苦心募化，但无奈势单力薄，杯水车薪，只建成了山门、

慈运灵慧祖遗像

圆通宝殿和部分厢房。

非常之功，必待非常之人。曾经保全接待寺的慈运法师，此时已经年逾耳顺，本已退出教界，面对七塔寺长期破败不堪且群龙无首的局面，他心中再次燃起振兴佛法、荷担如来家业的激情，遂毅然接手七塔寺，担负起了中兴七塔寺的神圣使命。

对于百废待兴的七塔寺而言，筹集资金毫无疑问是当务之急。慈运法师凭借自己在宁波地区的卓越声望，或借贷，或募捐，逐渐筹集到了兴建寺庙所需的款项。随后开单纳众，扩建僧寮，改造三大殿，新建法堂、藏经楼、东西厢房、客堂、禅堂、云水堂、五观堂、大钟楼、华严阁、会客厅、化身塔，等等，最终形成完整的禅宗伽蓝七堂建置，成为四明地区继天童寺、阿育王寺之后的第三大丛林寺院。

复建后的七塔寺改圆通宝殿为大雄宝殿，以适应禅宗丛林格局；以香樟木精雕重塑千手千眼观音菩萨圣像，以善财、龙女为胁侍，左文殊、右普贤，以为庄严；将南岳祝圣寺心月上人重刻的五百罗汉造像拓本刻石镶嵌于殿内周壁，成为镇寺之宝；钟楼内置一万八千斤生铁大钟一口，宏声巨扣，响震重泉；新塑阿弥陀佛、观世音菩萨、大势至菩萨等西方三圣法像，高

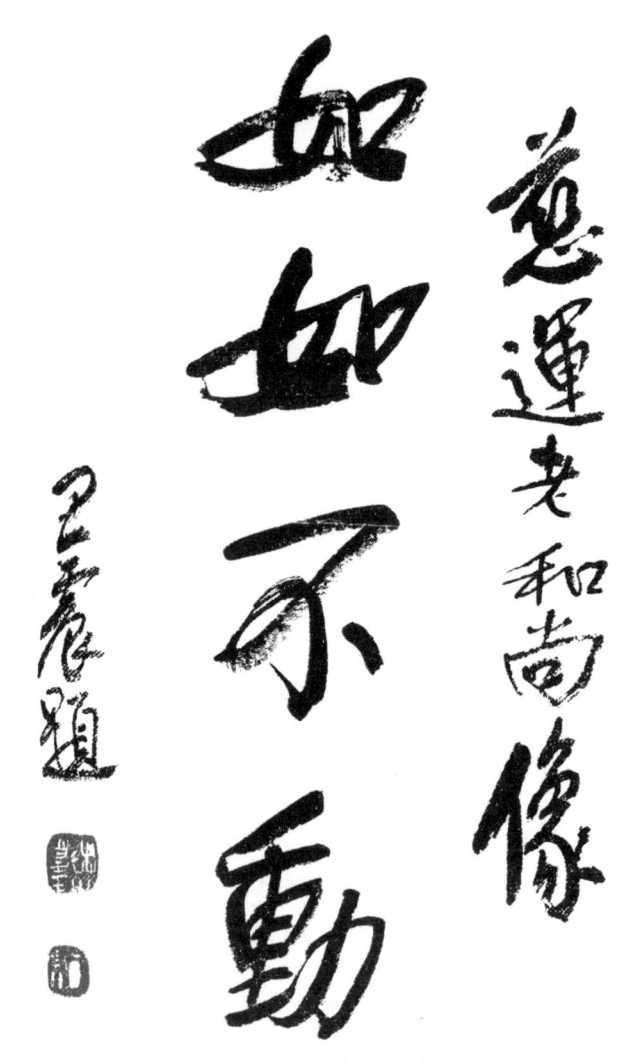

著名书画家王一亭为慈运长老题词

二丈八尺有余，妙相庄严，甲于诸方。

在加强寺庙基础设施建设的同时，慈运法师还广招僧才，选贤任能。入主七塔寺伊始，慈运法师就明确自己不做住持，而推自己的法子代理，每位大都任期三年，既为七塔寺培养了后继人才，也让自己从繁琐的寺务中脱身出来，进行全局擘画。为提高僧众文化素质，创立禅林风范，慈运法师规定每年夏季为讲经期，常住必须邀请各地高僧大德来寺讲经说法。这一做法被继任者延续，几十年经筵不断，虚云、谛闲、默庵、圆瑛、溥常、道阶等都曾是七塔寺的讲经僧，今天的"报恩大讲堂"依然传承了这一讲学传统。

三、请藏传戒

七塔寺各项事业有了起色之后，慈运法师又开始了另一个具有深远意义的举动，那就是赴京请藏。不依国主，佛事难立，寺院要获得长远的发展，取得当政者的支持是必不可少的。因而，在望七之年，慈运法师不辞劳苦，千里进京面君，请得乾隆版《大藏经》一套，并蒙光绪皇帝敕赐"七塔报恩禅寺"之名，大大提升了七塔寺的文化品位和知名度。此时的七塔寺，常住已不下三百人。伴随着日复一日的声声佛号，七塔宗风日益远播，七塔寺常住也迎来了慈运法师的八十寿诞。为报答慈运法师对七塔寺的贡献，七塔寺继慈运法师七十寿诞开三坛大戒之后，再次开坛传戒。

三坛大戒是中国佛教特有的授戒仪式，分初坛正授、二坛正授、三坛正授三个阶段。初坛授沙弥、沙弥尼戒，二坛授比丘、比丘尼戒，三坛授出家菩萨戒。戒子于正授三坛大戒时，领悟自性戒体，依此戒德，内激上求佛道之心，外发下化众生之愿，将戒相之行持任运于日用中，规范身心，进而借事显理，契悟如来自性。戒子欲求受大戒，须具众缘，其中以临坛大德为要，即须于受戒前如法恭请"三师七证"，以便戒场法仪之如法进行。登菩萨坛时更以释迦如来、文殊菩萨、弥勒菩萨为三师和尚，十方诸佛为尊证，一切菩萨为同学伴侣。以上诸缘有一不具，便不得如法受戒。依据我国佛教界的传统，有意出家者必须受足此三坛大戒，始被公认为合格之大乘出家人。

四、临济真传

慈运法师四十四岁接普洽英皓法灯，成为临济宗第三十九世传人。溥常法师《报恩堂宗谱绪言》说：

> 兹浙江鄞县江东七塔报恩禅寺，嫡传临济正宗。自临济初祖第一世传至三十世。明州天童密云圆悟禅师传林野奇祖为第三十一世。述法派偈，行大源远等十二句。传至三十九世，我先师慈运慧老人，为本寺中兴。①

从这个法嗣传承可知，慈运法师所传临济禅法属于临济密云法派中林野通奇一脉，传至慈运法师时得以大兴。慈运法师潜修浙水，密行默化，并未留下文字般若。高鹤年居士，江苏兴化人，幼年慕道，觉悟生死事大，乃发愿行脚，遍访善知识，在虚云、印光、来果等大德高僧指点下，对佛法实相多有参悟，在游山玩水的同时进入了全新的人生境界。《名山游访记》就是高居士参学游历记录，书中记录了光绪二十四年（1898）三月初五，他特意来七塔寺参拜慈运老人，慈运法师对他开示道："众生本来是佛，因迷自作众生。"这句偈语意思是说，众生与

---

① 陈寥士：《七塔寺志》卷五，中华佛教出版社、百通（香港）出版社2004年版，第35页。

佛本来没有差别，所谓的差别只在于心性的迷悟。禅宗即是要人在此一点着力用功，探究自己的本来面目，以明心见性，不要甘于迷蒙，暗昧沉沦。六祖慧能所谓"不悟，即佛是众生，一念悟时，众生是佛"，"自性若悟，众生是佛，自性若迷，佛是众生"，都是此意。历来禅宗大德常以此点拨学人，以唤起其勇于承担的精神。作为临济正宗嫡传，慈运法师对此法门能够驾轻就熟，随机开示高鹤年居士。高鹤年居士自觉受益匪浅，故择要记录于《名山游访记》。

此外，慈运法师对弟子澹禅宏绪的开示也很经典。据《澹禅和尚塔铭》记载，慈老初见澹禅，知为法器，遂命其入禅堂参究。一日，澹禅向慈老陈述心得体悟，慈老听后予以肯定，并进一步激励道：

住、行、向、地，同悟此体，而位位修证，功用相差，不啻天渊。纵如大鹏，一举九万，而中间寻尺，亦自历然。尔宜深修极证，莫作得少为足人也。[1]

---

[1] 陈寥士：《七塔寺志》卷五，中华佛教出版社、百通（香港）出版社2004年版，第19页。

住、行、向、地是菩萨修行的不同阶位，各自又分为十等，加上十信与等觉、妙觉，一共五十二个阶位，渐次修成，方为圆满。十住位以上之修行方为了悟心体，但其中修行境界差别之大仍犹如天地。真正的修行者，应如九天之大鹏，冲天一翅即可扶摇直上九万里，于下方咫尺之间的微末细节也并不暗昧。慈老正是借此比喻告诉澹禅，明心见性其实只是禅修的初悟阶段，以后的修证道路更加漫长艰难，应不断勇猛精进，不要半途而废，做得少为足、浅尝辄止的懒汉。

当时宁波佛教界以八指头陀寄禅敬安与慈运灵慧法师为尊。"方主天童、七塔两名刹。寄公以诗名，而慈公以道行。"从慈老开示高鹤年居士和澹禅宏绪的法语来看，上述对于慈老的评价也是真实不虚了。

五、开枝散叶

宣统二年（1910）八月二十九日，慈运法师在七塔寺圆寂，世寿八十四，僧腊六十七。慈老生前德高望重，闻名遐迩，身后哀荣备至，宗风广播。慈运法师度人无数，有传法弟子四十八人，或谈经弘教，或精通禅奥，或开堂秉拂，或敷扬海外，皆各有建树，弘化一方。其座下四十八子中，又以圆瑛、溥常最为突出。

圆瑛法师，俗姓吴，福建古田人，法号宏悟。出生时室有祥光，自幼虔诚慕道，一心向佛。十九岁出家后，"飘然衣钵访高贤"，二十八岁时参学至宁波，最先拜望者即是慈运长老。慈老时为禅门宿尊，"中外商贾，乃至劳动工役，无不知有皈依长老者。每一见之，顶礼问讯，供养如活佛"。慈老于言谈之中见圆瑛法师通宗通教、世出世法圆融不二，遂收为法子，传付衣钵，圆瑛法师成为临济正宗第四十代传人。这次师徒授受对七塔寺的法脉传承意义非凡。慈老虽然法子众多，七塔寺法派也广有影响，然而时至今日，有据可考者只有圆瑛这一脉。慈老圆寂后，圆瑛法师撰写挽联以示哀思：住世八十余年，七塔中兴，遐迩闻风殷向慕；从师六千多日，一朝失荫，儿孙感德动悲思。

二十年后，已过知天命之年的圆瑛法师经"神人双选"，荣膺七塔寺住持，一年半后，圆瑛法师又被天童寺迎请为住持。溥常法师住持七塔寺期间，对于寺院文化建设尤为倾心，先后整理编修了《七塔报恩堂宗谱》《七塔寺志》《七塔报恩佛学院院刊》等文献资料。圆瑛法师全力支持溥常法师的活动，并欣然为之作序题诗：

慈云普荫，大地清凉。广施法乳，六八①亲尝。分灯续焰，宏化诸方。机薪既尽，应火亦亡。二三（当余六人）住世，力整纪纲，编成《报恩宗谱》，惟祈奕叶流芳。

圆瑛法师弘宗演教，禅净双修，道风高超，深孚众望。他一生七次被选为中国佛教会主席、理事长，新中国成立后又被选为中国佛教协会第一任会长。作为中国佛教界的骄傲，圆瑛法师一生与七塔寺和慈运长老有着密切的联系，为七塔寺的振兴和七塔法派的繁荣做出了巨大贡献。可以说，七塔寺在近代佛教界的影响始于慈运长老的德望感召，而七塔法派的发展传

---

① 指慈运法师得意法子四十八人。

承，实是得力于圆瑛法师的开拓创新。

溥常法师，俗姓曹，湖南湘乡人。溥常法师生而有向佛之心，髫龄时即曾言，"为僧不易南面王乐"，深得慈运长老赏识，遂被传以心印，获赐法名宏铢。溥常受莲池大师影响，于净土法门之外，对华严宗情有独钟，曾在寺内屏息外缘，一心精进，并根据自己的体悟撰写了《华严纲要浅说》。溥常法师应请将书稿交由上海佛学书局正式出版，著名居士范古农为之题签，谛闲、范古农、罗杰等大德为之作序，此书在教界广受好评。

道生说法，顽石为之点头。1929年，溥常法师讲解《华严经》至《贤首品》时，讲台前花台与丹墀花台共六瓶吉祥草亦开花十朵。经过一年多的勤修精进，撰写《华严纲要浅说》倚马可待，仅一周时间即告成功。溥常法师讲授《华严经》即将圆满结束时，寺中三瓶吉祥草再次开花十朵，示现瑞相。"当知是经义不可思议，果报亦不可思议。""此草不易开花，必是主家喜庆，故以吉祥为名。"溥常法师亦觉不可思议，"栽草多年，未见抽穗。而今有此，抑亦华严大经所在，为三宝吉祥地之预兆乎？"佛经所在之处，即为有佛，"贤首品"会主文殊菩萨之名，意译恰为"妙吉祥"，谓有不可思议微妙功德，吉祥殊胜，故有此感应。又因文殊菩萨为华严三圣之一，故全经讲授圆满结束时再次感应。吉祥草两次开花，足见《华严经》功德不可思议；溥常法师为而不有，善而不居，更显其谦逊淡泊、虔诚冲虚。

溥常法师常住七塔寺二十年之久，其间创办佛学院，编辑院刊，编纂寺志，制定《万年规约》和《报恩堂法规》，制定宗谱，开坛传戒，发起禅堂坐香，凡此种种，难以尽述。1935年第一百零二期《佛学半月刊》曾经这样描述溥常法师开坛传戒的盛况：

> 兹我七塔寺主座溥公老法师，戒德严净，行化遍海内。今年已古稀，尚终日领众，作种种利益人类事。今岁更念世衰俗薄，佛教陵夷，非阐宗风，难期挽救，于是得本寺两序之同意，并有戴姓檀越，助银元数千及七衣钵具。因择于腊月初八日，宏阐戒法，昭告四方，凡有四众来寺求戒者，免收戒费，惠与衣钵。由是来者，络绎不绝，不期月，已达六百余。食指既众，餐宿之处非

扩大不可，故将斋堂后之木匠寮，改为临时云水堂；将上客堂，改为禅堂。禅堂则为男新戒堂，并将佛学院及藏经阁等地让出，作为临时女戒卧室。环全寺之房屋，无不居住男女僧众及宾客等。每逢鸣椎上殿过堂，已达千二三百人之多。至冬月朔，迎请普陀山法雨寺住持学海老和尚为大师傅，并请引礼八师，即于是日开堂，日日演习毘尼，及教训仪规。敬请圆瑛法师为教授，智圆老和尚为羯磨，是日传授沙弥十戒。腊月初三，敦请观宗寺退隐根慧老和尚等为尊证，传授比丘大戒。是日微雨，清风徐起，人天欢喜，而远近僧俗来瞻礼者，达万余之多。此与我佛昔日每演大法之时，必有天龙八部卫护，俨出一辙焉。初七日午后，齐至三圣殿，跪佛前，口称佛号，合掌恭敬，顶上燃香，供养诸佛。次早传授菩萨大戒毕，便到斋堂具膳。继而四众弟子作礼而去者，已有多数，咸谓本寺传戒景况，实为甬江数十年来罕有之胜会也。①

---

① 《佛学半月刊》1935年，第102期，转引自可祥主编：《栖心伽蓝史料集》，上海古籍出版社2003年版，第346、347页。

民国以前，天童禅林一直执浙东四大丛林之牛耳，尤其明代密云圆悟开启的法派更是流布天下，七塔寺慈运长老所传之法亦属其法系。至民国时期，八指头陀寄禅长老为教殉难后，天童禅风逐渐衰歇，七塔宗风后来居上，日渐兴盛。天童寺后经慈运长老法子圆瑛法师复兴，传承七塔法脉，亦尊七塔寺为祖庭。作为七塔道场建设的集大成者，溥常法师对于提高七塔寺文化品位、阐扬报恩堂宗风、提升七塔丛林的地位厥功至伟。

岐昌法师，俗姓钱，法名宏莲，字岐昌，号水月，宁波鄞县东乡人，是太虚法师的授经师。自幼聪慧过人，读书过目不忘。性豪迈，喜交游，书法宗子昂而有苍老之气，作诗学六朝而端庄过之，纵论时事，深有见地，深为四明文人雅士所推重。八指头陀敬安曾经说，"甬上真和尚，岐昌一人而已"。慈老特别传付其禅法心印，以为上首弟子，对其青眼有加。岐昌法师对慈老也敬重异常，慈老初入七塔寺时，常住衣食不继，生活艰难，当时岐昌法师住持永丰寺，闻讯后毅然将永丰寺田产三十余亩慷慨捐出，作为七塔常住斋粮仓储。后七塔寺每每遭遇难关，均得岐昌法师鼎力相助而化险为夷。

慈老圆寂后，岐昌法师因其卓越的声望与能力被公推为七塔寺住持。晋院之日，观者如潮，道路为之堵塞。一佛出世，千佛护持，岐昌法师治理七塔寺，得到了师兄弟们全心全力的帮助，七塔道场局面日益稳固，道场更加庄严，并最终与天童寺、阿育王寺鼎足而三，撑起了宁波佛教的半壁江山。为保持寺庙的良好发展态势，岐昌法师规随柯则，倡议七塔寺住持以三年为期，选贤任能，为七塔寺补充了源源不断的新鲜血液，七塔寺因为其积极蓬勃的活力，成为教界有名的法派选贤丛林。慈老所开启的七塔寺中兴大业之所以能于民国时期继续光大辉煌，岐昌法师当居首功。岐昌法师刚接手七塔寺时，寺院山门前的七座石塔自毁于兵火后尚未恢复旧观，岐昌法师募集资金重修了七座佛塔。四方善男信女前来礼拜，庆祝岐昌法师世寿无疆之际，惜乎师婴疾圆寂，给人留下无尽感慨。

薪尽火传，明明不尽，千载唐刹，老树新枝。四明地区大小百十座寺庙，如天童寺、阿育王寺、观宗寺、雪窦寺、接待寺的主僧，或出自慈老门下，或私淑受业，拉开了近代佛教全面振兴的序幕，不但将临济宗禅法带到湖南、云南、四川、陕西、福建、江苏、江西、安徽、河南以及台湾等地，而且漂洋过海，远及南洋、日本、印度、韩国，"慧炬高悬，光明彻于海内；法衣远播，恩泽及于林间"，形成了颇具规模和影响的"七塔寺法派"，为近代临济宗的中兴发挥了积极的作用，七塔寺也因此被尊为临济宗中兴祖庭之一。

第三节　月西法师

相传魔王波旬曾经威胁佛祖说："末法时期，我的徒子徒孙将会混入你的寺庙内，穿你的袈裟，破坏你的佛法，他们曲解你的经典，破坏你的戒律，以达到我今天武力不能达到的目的。"佛祖听后，沉默无语，两行热泪缓缓流了下来。"文化大革命"期间，佛教再遭荼毒，千年七塔寺千疮百孔，偌大的寺院里竟然找不出一尊完整的佛像。如今这座千年古刹名蓝焕彩，重现往日庄严清净的气象，不禁让人赞叹。完成这个戏剧性变化的，是一位叫月西祥麟的和尚。

一、抗日降魔

月西法师，俗姓高，名祥麟，浙江温岭人。法师少年即负血性，十一岁从苏州定光静安上人出家，受沙弥戒后不久，北驱乌慕道,蓬生麻中,与时俱同。
爱国爱教,复兴七塔,邈兹影像,重振宗风,铭记德隆。

白化文撰 沈定庵敬书

月西法师像赞

伐战争开始，月西法师遂即报名参加童子军，响应北伐。法师入教不忘爱国的发心，由此始见一端。

1935年，月西法师听闻太虚大师在宁波延庆寺讲经弘法，闻法心切，遂于当年12月来到宁波，先后驻锡于金仙寺、延庆寺、七塔寺。1937年，卢沟桥事变爆发，日本帝国主义发动全面侵华战争。日军所过之处，烧杀掳掠，无恶不作，人民苦楚，悲惨万状，不啻拔舌地狱。尤其1940年，日军久攻宁波不下，竟于10月27日下午，在宁波城东后街与开明街一带，用飞机撒下带鼠疫杆菌的面粉、麦子、跳蚤。一百零六名平民感染鼠疫，其中有儿童四十名，十二户满门灭绝。日军之丧心病狂，较之善根断尽的一阐提，犹有过无不及！

于此国家民族水深火热、生死存亡之际，无数仁人志士同仇敌忾，奋起干戈。面对穷凶极恶的日本侵略者，作为佛门一衲子，又当作何出处呢？是避缩深山，诵经打坐，求一己之平安，还是修矛修戟，勇作干城呢？月西法师深知，佛祖教化，虽以慈悲为本、善念为怀，不只有菩萨低眉顺眼，更有金刚立目横眉。尽管杀生是佛教第一大戒，但是，"蛇蝎缠身应还招，我佛慈悲亦惩恶"，杀强盗禁暴安良，正是佛教降魔精神的具体体现。在历史上，僧人的命运始终与政治国家的命运联系在一起，爱国护教是中国僧人悠久且优秀的光荣传统。远如隋末唐初，有少林寺十八罗汉救唐王，少林寺因此名扬天下；中有明嘉靖三十二年（1553），月空和尚抗倭寇，于白沙湾之战尽显忠贞神勇，彻堂、一峰、真元、了心四位少林武僧壮烈牺牲，畲山特建起"四义僧塔"，旌表其忠勇义气；近有弘一法师"念佛不忘救国，救国不忘念佛"，开权显实，二智圆融，在此感召下，教界爱国热情与日俱增，救国事迹层出不穷。出家并未出国，由大慈大悲而生大智大勇，月西法师毅然决然放下香，拿

右二为月西法师，1937年前后在慈溪金仙寺任监院时与当地名流合影

起枪，满怀热情地投入抗日救国活动中去。

从1942年起，月西法师利用各种有利条件，积极协助新四军游击队抗击日本侵略者。月西法师在担任慈溪金仙寺监院期间，五次以寺院作为谭启龙领导的新四军浙东游击总队三五支队驻地，并悉心照料抗日将士，在生活上和交通上给予种种方便与帮助。1944年，著名僧人亦幻法师筹资到上海采购药品，支援三五支队，月西法师亦参与其事。受命之时，月西法师置个人生死于不顾，于硝烟弥漫之际、枪林弹雨之间，为抗日游击队输送了大量宝贵的情报。此时，赵朴初也在上海参加由中国共产党领导的、张蓬等组织的民间团体"益友社"的革命工作，秘密为浙东三五支队输送干部。月西法师和赵朴初都是佛教界最早参加中国共产党领导的抗日活动的有志之士。月西法师的事迹多年后仍然在当地百姓间口口相传，他也因此得了"红色和尚"的美称。

二、人生佛教

人生佛教是太虚大师提出的佛教教育思想。近代以来，中国佛教日益衰败，1925年，针对当时佛教重鬼与死、不重人与生的状况，太虚大师提出了以现实人生作为佛教关怀核心的人生佛教思想，提出佛教修行应与社会道德密切结合、创建新型佛教僧团、兴办佛教学校、创办佛教刊物等主张，以批判鬼神佛教、山林佛教、经忏佛教、等死佛教等流弊。月西法师早年曾就读于闽南佛学院达六年之久，并在《海潮音》发表《人生应有之认识》。后在宁波听太虚大师弟子芝峰法师讲经说法，并拜太虚大师另一个弟子亦幻法师为师，成为太虚大师法孙，深受太虚大师思想影响。1946年，月西法师陪同师公太虚法师游览宁波各大道场，面临謦欬，耳濡目染，对于太虚大师的人生佛教思想有了更加深刻的体悟。1947年，月西法师在宁波的一份民办报纸《大报》(后并入《宁波日报》)副刊开辟了《慧日》专栏，并自任主编，选刊佛教文章，宣扬人生佛教思想：

万不可以传教教徒的腐败和山门内的黑暗，根本斩拔了佛教薪新的慧命。斩拔佛教慧命，也即否认了人类自身的觉性。佛教的生命是在给人以精神的自觉，决不是教人崇拜偶像。到了自觉彻底的人，很自然的不甘据佛位以自雄，而愿投身到全体的群众中去，这是佛教最末后最向上的一着。

  我们相信本刊始终站在自己的岗位，除了对佛教山门外的人们指出佛教的本来面目以外，且于此后佛教新的趋向与新的拓荒者努力的前途，于传播欧美方面的消息与论述，颇尽了一些贡献。尤其是对于我们痛痒相关的山门内的僧众——青年僧众，由"转业"而呼出"僧众的再教育"。发掘自己的慧命，担荷佛陀的家业，恢复往古人天导师的地位与生存价值，转而普遍对人类担负起教育的责任。①

  月西法师针对现代佛教信仰衰落、僧众素质下降的情况，运如椽大笔，廓清四众弟子对于佛教的迷信，以期正法久住，升起正信的道心。对佛教的虔诚信仰贯穿了月西法师的一生，他始终相信，"佛教不是迷信，而是一门很深奥的哲学"。从上述引文也不难看出，年轻的月西法师对大乘佛教精神与人生佛教思想的理解圆融无碍，抗战期间舍生忘死，矢志抗日，正是他人生佛教利生精神的具体体现。

---

① 《月西大和尚圆寂十周年纪念集》，香港佛教文化事业有限公司2003年版，第149、150页。

三、苦撑危局

月西法师与所有的佛教徒一样,经历了历次政治运动,用他自己的话说,传统的和尚生活方式发生了重大变化。交公粮、交房地产税、购买爱国公债、捐飞机大炮、办厂自救,月西法师做了许多今天看来不可思议的工作,然而更大的考验还在后面。1958年,正当七塔寺准备建寺一千一百年大庆时,年轻的和尚被劝还俗,不愿还俗的年轻僧人组成支农队,每天早出晚归,两天搬一次家,五十岁以上的和尚参加工厂劳动,直到1984年。月西法师不愿离开僧团,得到一位统战部部长的理解,被允许常住寺庙。为了引导宁波佛教界尽快适应新形势、新制度,月西法师率先倡导成立了佛教工读学院,逐渐转变僧众的生活习惯。为了减轻政府负担,他又先后成立了佛教麻织厂、佛教缝纫工厂、佛教劳动服务组、四明纸盒厂、五星被服厂等生产机构,引导僧众自食其力,积极参与国家建设,其中四明纸盒厂一直办到1984年,累计盈余资金五十多万元。

月西法师开办工厂,生产自救,征之于古也是其来有自。唐朝中后期,鉴于佛教势力的发展壮大,政府采取了诸多限制措施，取消了对寺院和僧尼免征税役的规定，士族的衰落也使寺庙的土地和劳力来源都遇到了困难，佛教面临如何继续生存下去的严峻形势。一部分佛教宗派如天台宗、唯识宗因教义高蹈，不足以解决生活来源的问题而迅速衰落，而禅宗自六祖慧能提出"佛法在世间，不离世间觉"之后，又提倡"运水搬柴，无非妙道"，认为世出世法，一而不异。在百丈禅师的带领下，农禅并重，一日不作，一日不食，融禅于农，以农参禅，既不耽误佛法修行，又保证了寺庙的经济来源，成为禅宗得以继续发展壮大的关键举措。

平心而论，欲界众生，假如能够避免，没有人愿意饱尝愁苦，即使圣如百丈禅师，立清规、创农禅，亦是大的历史形势下不得已的自觉转变。古人今人，其揆一也，将心比心，于月西法师当时心里的苦闷也就感同身受了。办厂，保证了不还俗的僧人有了栖身之地；劳动，则保证了僧人日常的生活开销。日后改革开放，落实宗教政策，度尽劫波的七塔寺乃至整个宁波佛教界能够迅速恢复元气，与月西法师高瞻远瞩、审时度势的智慧和隐忍是分不开的。"文化大革命"期间，延庆寺、观宗寺等寺庙的僧人被集中到七塔寺，净域莲邦，居然成立了

"清查反动宗教指挥部"。月西法师常说："共产党是为人民服务的，这与佛教菩萨利益有情众生的精神是相通的、一致的。"《周易》遁卦的卦象说："天下有山，遁。君子以远小人，不恶而严。"正是教人明知小人得势，君子暂须退隐，明哲保身，伺机以救天下。月西法师办厂自救，勉励而行，虽也不无效果，但终究是末法时代不得已的举措，其中的无奈与辛酸，实在不足为外人道。若干年后，谈起往事，月西法师不无感慨地说："做人随高随低随时过，或长或短莫埋怨，禅思静坐，形苦未必真苦。在艰难曲折的人生旅途中，希望是让我有勇气走下去的原动力。"

被划为四明纸盒厂的"当权派"后，月西法师开始了无休止的思想检查、思想汇报。当时宗教处一位刘姓处长对月西法师的检查汇报一直不予通过，但又不指明问题在哪里。月西法师仍然谦逊地请教："您是领导，哪里思想交代不深刻，请您明示。"刘处长仰坐在沙发里，两眼半睁半闭，一边嘴里哼哼唧唧，一边在扶手上打着拍子，对月西法师视若篾如。月西法师被晾在那里，无所适从。这位处长退休后，月西法师却不计前嫌，逢年过节都会主动登门拜访。月西法师以德报怨，刘处长也自觉惭愧难容,请求法师原谅。月西法师笑道:"刘处长,我若对前事耿耿于怀,今天就不会再来看你了!"佛教有六度波罗蜜,忍辱波罗蜜即其一也,《金刚经》说:"若菩萨以满恒河沙等世界七宝持用布施,若复有人知一切法无我,得成于忍,此菩萨胜前菩萨所得功德。"成就无生法忍的功德远胜于七宝布施的功德。忍有三种:一是生忍,又名"众生忍",对于众生的轻贱凌辱,都能忍受。《金刚经》提到,受持读诵此经,若为人轻贱,能消除堕入恶道的罪业。初发菩提心,要以"众生忍"为修持的功课,逢人轻贱,护于口,忍于心,以感恩他人为其消业,入圣人行,必得无上果。二是法忍,于生存的客观环境,冷、暖、饥、渴、违逆之境,不生心动念,起好恶分别。三是无生法忍,即《金刚经》所谓"得成于忍"。一切法都是因缘生灭假合,当体即空,本来无生无灭的。境缘的冷暖,人事的宠辱,并无真实我和法的体相。通达此理,就能安忍一切尘缘境界,不生妄想分别,正如圆悟克勤禅师说:

大凡为善知识,应当慈悲柔和,善顺接物,以平等无诤自处。彼以恶声色来加我,非理相干,讪谤毁辱,但退步召照。于己无嫌，一切勿与较量，亦不瞋恨，只与直下坐断。如初不闻见，久之魔孽自消耳！

月西法师深谙忍辱波罗蜜，隐忍沉默二十年，俟得因缘成熟，遂再发大悲心，展大雄力，运般若智，再度中兴千年七塔寺。

四、重光古刹

月西法师一生的佛教事业，其实不外"修复"二字，改革开放后，党的宗教政策逐步落实，七塔寺的恢复工作也被提到了议事日程上来。年逾六旬的月西法师被任命为"七塔寺修复小组"组长，着手修复七塔寺，开启了七塔寺的复兴大业。不到五年，七塔寺陆续回收了中轴线上的主要建筑，如大雄宝殿、天王殿、三圣殿、方丈殿、祖堂、玉佛阁，以及两侧的地藏殿和西厢房。同时，新添法器，重装圣像，重新镶嵌了年久剥落的五百罗汉砖刻，并请书画名家彩绘《西方九品莲台图》，镶悬于三圣殿周壁。月西法师带领四众戮力同心，终于使寺庙发展步入正轨，七塔道场逐渐恢复了原有的庄严面貌，他也因此被誉为"七塔寺复兴之师"。

鉴于复兴七塔寺的功绩，月西法师于1984年被选为七塔寺方丈，诸山长老、四众弟子以及党政领导共计三千多人在七塔寺为月西法师举行了隆重的升座法会。月西法师升座后继续筹措资金，进一步建综合楼，造招待所，恢复山门前的七塔标志。月西法师宵衣旰食，为七塔寺付出了后半生的全部心血，七塔寺终于成为浙东第三大佛教丛林，被国务院列为全国首批汉族地区佛教重点开放寺院之一。时任浙江省佛教协会会长的戒忍法师称赞月西法师道："千年唐刹出此高僧，不惟宁波四众弟子之幸，亦是浙江佛教之幸！"

七塔寺复兴的背后是月西法师的苦心孤诣，节衣缩食。法师衣着简朴，外罩僧袍，御寒的棉袍又硬又破，棉絮都露了出来。"文化大革命"结束不久，百废待兴，修复损毁严重的七塔寺需要大量资金，月西法师四处化缘，开源节流，筹措善款。20世纪80年代初，张祖华第一次见到了"七塔寺修复小组"组长月西法师。在和张祖华交谈的过程中，月西法师感慨地说："你们做一次佛事，我们全寺省吃俭用可开销好几个月啊。"张祖华从美国回来，是位难得的贵宾，月西法师拿出一盒法国面包相赠。这盒法国面包是香客供奉给他的，但是月西法师一直舍不得吃。张祖华打开一看，面包上竟然长了半寸长的白毛。月西法师见状说："不要紧，把白毛洗刷干净，烤干了还可以再吃。浪费粮食是罪过。"佛教主张惜福，弘一法师曾有一副对联说："惜衣惜食非为惜财缘惜福，求名求利但须求己莫求人。"月西法师庄重认真的表情，让张祖华十分感动。正是凭着这种真诚执着的精神，月西法师赢得了海内外四众弟子的信赖，也为七塔寺结下了诸多善缘，寺院规模逐步恢复，四海嘉宾纷至沓来，礼佛观光，香火日盛，月西大师的多年苦心经营终于得到了回报。

五、慧眼识珠

佛教史上许多祖师开创的宗派辉煌一时，后来却逐渐式微，一个主要的原因就是缺乏能够绍隆佛种的接班人。选好接班人不但是一个有道高僧的必修内容，更是寺院长远发展的当务之急。月西法师格外注意僧才的培养选拔，不但经常邀请专家学者到寺庙举办讲座，提高四众常住的文化素养，还选送年轻僧人去佛学院深造学习，把年轻有为的僧人放在工作第一线，锻炼其工作能力和管理水平。百丈禅师有句名言："见与师齐，减师半德，见过于师，方堪传授。"意思是说如果弟子的悟性与见识与师父齐平，那么弟子在修行上就只能紧随师后，亦步亦趋，能够达到师父一半的水平就已经很好了。只有弟子的见解、领悟超过了师父，才有可能将祖师的事业发扬光大，这样的弟子才值得传法教导。

月西法师深明此理，所以在收徒问题上十分慎重，坚持少而精、宁缺毋滥，直到去世前三年才择定良辰吉日，在方丈殿举行隆重的收徒剃度仪式，将一个俗名郑全华的年轻沙弥收为入室弟子，并赐法名"可祥"，字"怀海"。从这个名字不难看出月西法师对徒弟的殷殷期望，"怀海"本是唐朝禅宗高僧百丈大师的法名，月西法师以此作为徒弟的字，是希望可祥法师能够像百丈怀海一样勤于修持，将来能够成为弘宗演教、光大禅门的佛门龙象。

雏凤清于老凤声，青出于蓝胜于蓝，可祥法师不负众望。1997—2008年，可祥法师共收回历年被圈占土地七千多平方米，使七塔寺现有面积比历史上记载的（二十四亩）大了六亩。同时，精心修缮现存古建筑，聘请香港著名古建筑设计师俞宗晓设计七塔寺整体规划方案。2003—2006年，陆续对清末民初古建置三圣殿、钟楼、天王殿、圆通宝殿、东厢房、慈荫堂暨玉佛阁、法堂暨藏经楼、舍利塔院、库房等进行全面修缮。修复后的七塔寺建筑群被著名古建筑专家罗哲文称为"极其难得的清末民初古建筑之瑰宝"。

2006年下半年至2015年底，包括禅学堂、报恩大讲堂和栖心图书馆等建置在内的七塔寺"西扩工程"全面竣工。该工程历时九年，倾注了可祥法师和常住执事团队大量精力，满足了寺院禅修活动、教学研究、图书阅览、停放车辆等日常活动的需要，是清末慈运长老中兴七塔寺百年之后又一重大项目，为弘法利生与文化建设提供了有力的硬件保障。在此基础上，2016年，七塔寺举行护国兴圣三坛大戒传戒活动，距上次溥常法师任住持时的传戒活动已有八十二年之久。七塔寺此次传戒为期一个月，吸引了全国三百二十余名沙弥前来受戒，更进一步扩大了七塔寺的知名度和影响力。

在可祥法师的主持下，七塔寺不但编辑出版了《七塔禅寺五百罗汉图》《七塔禅寺珍藏书画集》《庄严宝像》《月西大和尚圆寂十周年纪念集》等书画图集和"七塔报恩丛书"系列，如《七塔寺人物志》《无言潮音——桂仑禅师纪念集》《宋代高僧墨迹》等，还投入大量人力、物力、财力，积极编辑佛学杂志《报恩》，自2005年下半年创刊，至今共出版七十余期，合计发行约三十万册。该杂志是浙江佛教场所第一本正规刊物，深受广大读者的喜爱。

佛教有正法、像法、末法之分。末法时代，佛法衰颓，僧风浊乱，戒律不遵，禅纲不振，当此之时，不随波逐流、一心向佛已殊为难得，能以道自重者更是凤毛麟角。出家僧人有学问僧，有修行僧，前者专注于佛教义理，而后者则侧重闻思修。平心而论，月西法师于此两方面都不是特别突出，然观月西法师幼年参军，青年抗日，中年遭遇佛教史上千年一遇之浩劫，于此无可奈何之际，忍辱负重，办厂自救，暮年辛苦经营，多方募化，开启千年七塔寺复兴伟业，随缘任运，能屈能伸，能行难行，能忍难忍，始信三世诸佛，皆血性男子所为也！

第四节　桂仑禅师

漫步在七塔寺圆通宝殿前的广场上，人们会不经意间发现宝鼎、香炉，甚至天王殿的佛龛等处，都刻着一个相同的名字，也会不期然而遇到一些在家居士向香客讲述着同一个法师的事迹。这位事迹为人万口所传、名字被勒鼎铭石的法师，就是被誉为"七塔寺活罗汉"的桂仑禅师。

一、苦修般若

桂仑禅师，俗姓杨，四川德阳人，幼年家境贫寒。十五岁时因病无钱医治而锯掉左小腿，后来装上木腿，亦可勉强行走，出家后人称"木腿和尚"。二十岁时，在四川什邡罗汉寺皈依三宝，受具足戒。罗汉寺是唐朝禅宗大师马祖道一出家的寺院，马祖晚年又回到这里弘法，因而罗汉寺也被认为是临济宗祖庭。桂仑在马祖出家的寺院受戒，这也是佛教的增上缘。马祖之后一千二百年，罗汉寺又走出了一位木腿和尚，将马祖的事业扩展到了江浙地区。

受戒后的桂仑更加勇猛精进，开始修炼"不倒单"，长坐不卧，坐禅到天亮。经过多年的苦修，桂仑已经小有所成，并且常有悟境示现。三十三岁时，他连续三个晚上都做了同样的梦，梦里有人叫他去普陀山朝山问法，并向他指出穿灰布衣的就是普贤菩萨。桂仑循梦所示，周折辗转来到普陀山，每天祈求观音菩萨的加持，但寻遍了普陀山，他也没有发现一个讲经说法的人，也没有看到那个穿灰布衣的人。一日，他来到洛伽山水晶宫①，看到一尊千手千眼观音圣像端坐池中，身放金光，庄严殊胜。桂仑一见便心生欢喜，不由得伸手去探，手刚碰到水面，观音菩萨圣像就消失了，当他缩回手时，观音菩萨圣像又出现在水里。桂仑如是伸缩三次，忽然灵光乍现：菩萨原来就在自己内心深处，只是凡夫不知，才向外寻觅。他不禁脱口说道："深观自在观自在，了无自在无自在。"

离开普陀山后，桂仑到了宁波七塔寺。当满身风尘的桂仑拖着一条木腿踏进圆通宝殿时，马上被眼前看到的观世音菩萨像惊呆了，这尊千手千眼观音菩萨圣像与自己在洛伽山水晶宫看到的一模一样。桂仑到此时才明白，自己的因缘原来是在七塔寺。从此，桂仑与七塔寺结下了难解的因缘。此次朝拜普陀山，仅仅是桂仑的第一次明心见性，此后在七塔寺，他更是百尺竿头，更进一步，一个又一个更大的飞跃正在等着他。

---

① 水晶宫是洛伽山上的一个山洞，相传洞内池水可通东海龙宫，并常有圣迹显现，水晶宫因而得名。

二、行解双证

作为一位佛门高僧，桂仑禅师禅净双修，对于禅宗经典《金刚经》有着独到的领悟。《金刚经》全称《金刚波若波罗蜜经》，又称《能断金刚波若波罗蜜经》。经以"金刚"名，喻其坚硬、锐利、光明三种品德，"般若"意为智慧，二者合用，意在表明智慧之功用：以金刚之坚硬，喻般若虽在六道生死之间流转，却不生不灭，不增不减；以金刚之锐利，喻般若之智慧能破世间迷妄，显诸法如意；以金刚之光明，喻般若能照破愚暗，表现诸法实相。经末四句偈语——一切有为法，如梦幻泡影。如露亦如电，应作如是观——是全经精髓所在。禅宗自达摩创立以来，以心法、袈裟作为传授表记，又别传《楞伽经》以印证验心，至五祖时，改传《金刚经》。慧能就是听闻《金刚经》有感而转到五祖门下学法，并最终听五祖讲解此经彻悟，后又广泛摄取《金刚经》密义而创立禅宗南宗顿悟法门，《金刚经》从此成为禅宗修行指南。

佛法第一义不可说，说似一物即不中。桂老并不识字，不能亲炙《金刚经》法味，只能向他人请教经义，桂老深以为憾，在藏经楼当香灯时，面对浩瀚如海的三藏经典却无从入手，更是给他平添了许多遗憾。"诸佛妙理，非关文字"，对上根利器的修行者而言，不需借助文字般若即可契入无诤三昧，但对于大多初修行者而言，仍需借助文字般若体悟诸法实相，因而读经即是听佛说法，不识字即是阻断了认识修行的正路，难以把握佛法大义。

佛法大海，信为能入。桂老坚信，文昌造字，圣人宣书，皆有本据，凡佛经所说，必定是从人心地里一字一句流露出来，将心比心，自己勤加修习，也必定可以体悟佛祖心意。他向佛菩萨圣像祈求加被，让自己开眼识字。精诚所至，金石为开，经过长久努力，桂仑禅师也渐入佳境。他听说"文化人肚子里有墨水"，便在佛像前虔诚礼拜，将磨好的墨汁喝了下去。墨汁味道让人实在难以忍受，桂老马上又吐了出来。就在这时，奇迹发生了：他眼前出现了斗大的字。从此，桂老竟然可以识得经书里的字了。不可思议的是，桂老仅能阅读佛经，却不能阅读佛经之外的其他书刊，也不能握笔写字。欣喜之余，他随口说了一个偈语："文房四宝，仗义疏财。止笔灭念，能写大字。"这是桂仑禅师修行生涯中的第二次飞跃。自开启文字般

133

若后,桂老不但熟读《金刚经》,后来又陆续阅读了《阿弥陀经》《地藏经》《楞严经》《法华经》《涅槃经》等大乘经典,遍尝法味。对其用功最力的《金刚经》,桂老得心应手,针对不同根器、不同因缘的求法者,往往能够自出机杼,称性说法,给人耳目一新之感。

有趣的是,桂老修行几十年,对长达六千多字的《金刚经》可以倒背如流,但对二百来字的《心经》却记不住,常常念了上句记不起下句,念了下句忘了上句。桂老说:"我自思观察,我的心念比天上的星还多,与《心经》不相应,即自知心在菩萨在,了无自在无自在;心在菩萨在,心不在菩萨不在,何处觅自在?走遍天下都不自在。"《坛经》说"不识本心,学法无益",念佛诵经只是了识自性本心的舟筏,而不是目的本身,念念不住于事相,方可得自在。研修《金刚经》对桂老的禅修帮助很大,禅修本身又进一步加深了他对经义的理解,行解双证,互为补益。久坐有禅,静极光生,所谓由戒生定,以定发慧,桂老心头逐渐明朗起来,最终桶底脱落。一日,他自觉万象现前,却又廓然无物,身心坦荡,无所挂碍,因而口占一偈:

第二章 法门龙象

两眼觉照胸前月，打破念头井底天。

檐前莲花观自在，七宝塔中见如来。

此时，桂老尚不确定自己是否已经开悟，因而一直想寻名师予以印证。1952年，与虚云法师齐名的禅门宗匠来果禅师经过宁波，挂单在七塔寺。桂老遂托人将自己的心得转呈来老，请予验证。来老看后十分欢喜，当下写了"深入堂奥"四个字，对其修行境界予以肯定。佛教主张人人皆有佛性，但实际上各人的先天素质却不尽相同，故《法华经》有"三根说"。佛法针对不同根器的修行者，方便设施了八万四千法门。禅宗修行对于修行者先天的根器要求很高，故上根利器者往往首选禅宗。禅宗修行，次第分为三关：第一关为入门，即破初关，悟达空理；第二关为升堂，即破重关，悟明假相；第三关为入室，即破牢关，合于中道。自古出家容易修行难，修行容易证道难，故当年虚云法师寻觅"看门人"而不得。能够通过修行禅宗入门已颇为不易，桂老不知不觉证得禅宗修行的最后也是最高境界，在当时禅门中是十分罕见的。来老的印证，是桂仑修行生涯中的第三次飞跃。在蒙来老印可之后，桂老进入悟后度生的阶段。末法萧条，时局混乱，桂老尽管已深入堂奥，却也不能凭一己之力只手擎天，只得潜居寺中，随缘任运。正如慧能在五祖门下开悟后，仍然要隐身猎人群中，详细作务，十五年之后才能出山弘法一样，直到20世纪70年代末，桂仑禅师才随着七塔寺的恢复，开始弘法度众，其间蛰伏沉潜长达二十多年！

桂仑禅师多年方便弘法，随缘度众，为七塔寺赢来了广泛的信众，汇聚了善缘乐助的涓涓细流，不但使七塔寺驰名中外，也得到了教界高僧大德的肯定和赞扬，被誉为"七塔活佛""七塔活罗汉"。人们以一见桂仑法师为荣，许多人甚至不远千里而来，只为见桂老一面。20世纪90年代初，广东潮州开元寺方丈慧原老和尚朝礼普陀山时途经宁波，到七塔寺挂单。在会晤老友月西长老之后，慧原老和尚特意回房，搭衣持具，到桂老住处恭恭敬敬作礼问讯，桂老则坐着合掌还礼，其默契自然，有如夙世因缘。事后慧原老和尚对郭大栋居士说："佛在世时，很多出家人修头陀行①，后来就很稀少。现在末法时期，像桂老

---

① 指佛教修行方式，包括十二行，即纳衣、三衣、乞食、不作余食、一坐食、节量食、阿兰若处、冢间坐、树下坐、露地坐、随坐、常坐不卧。此处特指桂老三衣和常坐不卧。

这样一生数十年修头陀行，始终精进不懈，严持戒律，明心见性，求生净土，信愿行回归阿弥陀佛，这样的真修行人，世所罕见。因此我要大礼参拜，以示恭敬。"在佛教中，佛陀的大弟子迦叶尊者以头陀行著称，在十大弟子中被誉为"头陀第一"，后来得传佛祖心印，成为禅宗初祖。慧原老和尚称赞桂老头陀苦行，一世精进，是对桂老的极大肯定。

普陀山前首座悟道法师年轻时曾经皈依溥常和尚座下，一生践行净土法门，誉满江浙，其生前每过宁波，都要来七塔寺拜访桂老。因德行高、修行好，悟道法师每每被人请去做经忏佛事，对此，桂老劝诫道："你不能老做经忏！要参禅悟道，要用功办道，才能了断生死。"悟道法师从谏如流，自此少接经忏，一心办道，在桂老指导下修炼"不倒单"的功夫。后来，悟道法师不止一次感叹道："恩师是菩萨化身，宁波的众生能够得到恩师的教诲，真的很有福报！"悟道法师圆寂荼毗后，得坚固舍利子数百粒。

中国佛教协会原副会长茗山长老对桂老亦尊重有加。1984年8月4日，茗老途经宁波，特来七塔寺拜访桂仑禅师。二人相见，茗老便问："怎样止妄入定？"桂老答道："妄想由三门

（眼、耳、口）入，当从三门修。偈曰：眼闻释迦佛，耳见观世音，口进弥陀佛，三门常清净。三门常清净，始终观自在；三门不清净，何处有自在？吃饭、睡觉、拉屎、撒尿，屎尿搞通，童真入道。"茗老又问："如何了生死？"桂老答道："了生不生，了死不死。善净其意，入息忍地。住无生法，出止观门。生死夜，南柯梦，抓瞌睡，出离道。"茗山长老十分赞赏桂老的回答，特意将其法语记录在日记中，并尊桂老为"老修行"。

三、神通度众

桂仑禅师童真出家，几十年来严持戒律，过午不食，并练就了"不倒单"的禅坐功夫。他头顶微微凸起，呈现肉髻瑞相，且皮肤光洁，两手绵软，中间三指齐长，异于常人。宁波冬季阴寒湿冷，桂仑禅师却光头赤足，夹服单衣，手握醒板，终日坐于室外屋檐下，不但不以为寒，反倒浑身温热，甚至要将一片长竹片插在背后，以防汗水湿透单衣，久而久之，醒板亦由青绿色变为枣红色。炎炎夏日，酷热难当，兼有蚊蝇肆虐，常人不堪忍受，桂老仍然一袭僧衣，不但不开电扇、空调，而且夜间依旧禅坐不辍，蚊虫亦不叮咬。弟子问其原故，桂老随机开示道：

> 佛门有六度，即布施、持戒、忍辱、精进、禅定、智慧，此即忍辱波罗蜜。《金刚经》曰："如我昔日为歌利王割截身体，我于尔时，无我相、无人相、无众生相、无寿者相。何以故？我于往昔节节支解时，若有我相、人相、众生相、寿者相，应生瞋恨。"你若不起心动念，自然不会招惹蚊虫。蚊虫就吸不到血，它吃到的是气和水，它觉得苦，就不来叮咬你了。你若起心动念打蚊虫，要它"节节支解"，岂非歌利王伤身害命？

第一波罗蜜，须从忍辱中来，修持般若者，若无忍辱作为资具，起无我观照，便无由契合实相。诸菩萨离相度众，无住布施，如果没有现前历缘外境，便不能成就功德法身。桂老借此告诫世人持戒忍辱，勿贪非分，清心寡欲，知足常乐。其禅法活泼生动如此。

1995年，桂老示现病相，一度生命垂危。七塔常住送桂老住进了医院，并安排弟子轮流陪护。一天，宏禅居士前来探望。桂老原本已神志昏迷，此时苍白的脸色又奇迹般地恢复到正常的红润色。他翻身坐起来，伸手拔掉身上所有的医药管，与宏禅居士探讨起佛法来，浑若无事一般。两侧弟子以为桂老回光返照，大限将至，不禁悲从中来，放声痛哭，一齐跪下哀求桂老继续住世弘法。当此之时，桂老问宏禅居士："我不是金刚不坏之身吗？我这些病是从哪里来的呢？"宏禅居士答道："四大不调便会有病。这些并不是您自己的病，而是众生的病。师父慈悲，是替众生病。"桂老点头认可。

《维摩诘经》中曾说：

从痴有爱，则我病生。以一切众生病，是故我病。若一切众生得不病者，则我病灭。所以者何？菩萨为众生，故入生死，有生死则有病，若众生得离病者，则菩萨无复病。譬如长者，唯有一子，其子得病，父母亦病。若子病愈，父母亦愈。菩萨如是，于诸众生，爱之若子。众生病则菩萨病，众生病愈，菩萨亦愈。又言是疾，何所因起？菩萨疾者，以大悲起。①

---

① 《维摩诘经·文殊师利问疾品第五》，中华书局2010年版，第80页。

桂老为禅宗大德，其禅修境界远非凡情可测，其一切时中，一切事中，均在利益众生。其吃一口饭，乃是增长众生一分福慧，其生一场病，亦无非替众生消灾带业而已。桂老相机逗教，随缘说法，其禅法善巧方便如此。

直到现在，七塔寺内的桂仑禅师纪念堂里，仍会不时碰到桂老的皈依弟子，满怀深情地向访客述说着桂老不可思议的灵异神通。神通只是佛法修行的边末之事，与修行深浅无关，并非所有修行有得的高僧都具有神通，也不是修得了神通就意味着证得了佛道，鬼神、外道也有神通。神通与修行的根本目的——明心见性无关，再大的神通也敌不过业力，当下的因缘已足以改变一切，佛陀神通广大，尚不能改变释迦族灭族的命运。在"一佛扬化，千佛护持"的正法时代，众生禅定坚固，福泽深厚，佛陀尚不允许自己的弟子轻易显露神通。其弟子宾头卢因在人前妄弄神通而被佛祖呵责，不得住于人间世界，而往瞿耶尼洲弘化。后虽许其归返，然罚以不得入涅槃。末法时代，众生道心不固，执妄为实，以空作有，佛门弟子于三宝难生信解崇敬之心者所在多有。桂老深明此理，所以经常殷殷告诫弟子，学佛为明心见性，而不是追求神通。他自己则以深厚的德行为依托，怀慈悲心，开方便门，运神通力，向求法者开示正道，引导其一心向佛。《维摩诘经》所谓"先以欲钩牵，后令入佛道"，即是此意。

四、知交朴老

桂老一生中既未担任过任何教界职务，又不打听教界事务，甚至不看电视新闻，与赵朴老并不相识，但是他似乎深知朴老的来历。他曾经不止一次对弟子说："昔日西土的维摩居士、东土的庞居士、现在的赵朴初居士都是菩萨再来。因为看到众生多病，人心贡高，我慢执着，都是不尊敬人、不恭敬人，身病和心病重得很，所以大居士发心辅助国家，纠正人心。"

桂仑禅师弘法摄众，受其点拨者既有不识字的乡间老人，也有高级知识分子，上海的郭大栋居士就是其中之一。郭居士早年留学美国，20世纪50年代曾拜上海佛学大师乐幻智为师，80年代皈依桂老座下，修习观音菩萨耳根圆通法门，不但多年宿疾痊愈，而且性情日趋平和，对桂老倍加恭敬。桂老曾三次告诉郭居士，赵朴初大居士是菩萨乘愿再来，是当代维摩，并嘱咐郭居士在适当的时候去拜访朴老。1986年，郭居士在北京拜会了朴老,向朴老介绍了桂老的修行事迹。朴老听后连声赞叹,第二年来到七塔寺拜会桂老。这是两位老人第一次相见。

两位同庚老人晤谈甚欢,一如多年的知交好友久别重逢。事后,朴老特意作《一九八七年在宁波七塔寺所作》诗一首,诗云:

明月待圆满,三分已二分;佛殿喜重光,像器一一新。廊下一僧坐,昼夜不倒身;终年一布衣,不因冬夏更。一足无人扶,面色光鄰鄰;自言不识字,能说《金刚经》。恳恳为我道,难治众生病;云何病难治?家鬼弄家神!斯言何凛凛,思之意味深;兴亡与祸福,由己非由人。拜别七塔寺,七佛鉴我心!

诗中既对七塔寺的复兴大业表示欣慰和欢喜,又对桂仑禅师的高超修行功夫深表赞叹,不但对桂老不识字却能参悟《金刚经》的高超悟性做了肯定,也赞扬了桂老救世治病的大悲心。

桂老与朴老的缘分并未到此结束。两年后的1989年,桂老应邀在浙江岱山慈云庵弘法,适逢朴老来岱山视察,因缘际会,两位老人再次相逢。禅院晤对,机锋频出,所谈不外超绝理路的心地法门。朴老唯恐错过这殊胜的机缘，一面倾听桂老的开示，一面嘱咐随行人员打开录音机，将桂老的话录了很长一段。会谈结束后，朴老依依惜别，桂老却淡淡地将手向录音机一挥。

朴老回京后意犹未尽，打开录音机想再回味桂老的法语，但是却惊奇地发现，录音带什么也没有录下。朴老不由会心一笑，原来临别时桂老那一挥手又是一次无言开示。朴老说："宗门原来一字无，本性的显示是无法用语言文字来表达的啊！禅宗的语言如在水波上写字，即有即空，空有不二，悟性要自己解开。这是桂老在开示啊！"

这次相见给朴老留下了极其深刻的印象。一年多后，朴老在泉州承天寺见到郭大栋居士时，还对他大声说："桂仑老法师真了不起，他的话真有意思啊。"不仅如此，朴老还提笔写下了《一九八九年十月二十日访岱山蓬莱仙岛慈云庵有作》，词云：

始知佛土遍三千。上仙山，礼金仙，身现重重无尽现华严。弹指心开楼阁起，观大海，碧于蓝。

经房一老独悠然。一再参，展慈颜，收录潮音依旧是无言。但记屏缘休歇好，闻用眼，耳须观。

其中"收录潮音依旧是无言"一语双关，既指录音机一片空白之事，又将桂老的高明见解比作人海思潮中的觉音，不但启人心智，而且离言绝相，了无痕迹。"闻用眼，耳须观"是说用眼看佛经就是在听佛讲经说法，用耳根反观自性，成无上道。这正是桂老所修习的观世音菩萨耳根圆通法门。《楞严经》指出，耳根圆通是最好的开悟法门。"但记屏缘休歇"是说要屏息外缘，应无所住，万缘放下，各人本来具有的佛性自然会呈现出来。

岱山晤谈是桂老和朴老第二次，也是最后一次见面，但是二老的友谊却一直延续下来，直到两位老人先后往生。1990年，桂老去上海弘法，朴老得知后，特意写信嘱咐上海佛教界要妥善安排，并写信给郭大栋居士，希望与桂老再次相见：

大栋居士道席：

日前承枉顾，聆教为快。关于桂仑老法师到沪住处事，已遵嘱与王永平居士联系，答云一定竭诚妥善安排，特以奉闻。弟下月下旬赴沪，极愿有缘一见桂师也。专此顺颂，一切吉祥！

赵朴初和南
九月二十四日

朴老手书

1992年，桂老再次赴上海，隐居于金山松隐寺，朴老知悉后，不但汇款两千元以作供养，而且再次致信郭大栋居士：

大栋居士道席：

接奉大函，藉悉桂仑老法师近况，既慰且念。桂老近年数次迁居，因缘非凡情可测。惟金山距沪市较近，有仁者暨诸善知识就近护持，亦是一种殊胜方便。兹寄上二千元（汇上海佛协王永平居士转）作老法师四事供养之用，敬乞仁者费神料理为感。

承惠黄念祖居士遗著，俟收到拜读，先此致谢。

顺颂
　　新年百福

赵朴初

九二、十二、二二

1998年后，桂老身体每况愈下，朴老也生病住院。七塔寺常住预先为桂老的后事做了安排，不但在慈溪五磊寺西侧竹园

朴老手书

内为其建造舍利塔,还敦请朴老为舍利塔题写了塔名和"桂仑禅师纪念堂"的条幅。1999年,桂仑禅师于七塔寺示寂,享年九十二岁,戒腊七十二年。桂老入龛时,肢体柔和,荼毗后,得五彩舍利花、舍利子无数。七塔寺遵照朴老愿望,将桂老生前居室辟为纪念堂,供奉桂老舍利子、舍利花。翌年,朴老也舍报西归。两位老人一先一后走完了各自的人生道路,两人相知相契,书写了佛教界的一段佳话。

* * *

走笔至此,对于四位高僧大德平生事迹的讲述也将近尾声,笔者不自觉想起傅雷先生在翻译法国著名文学家罗曼·罗兰《名人传》时写的一段话:

> 唯有真实的苦难,才能驱逐罗曼蒂克的幻想的苦难;唯有看到克服苦难的壮烈的悲剧,才能帮助我们担受残酷的命运;唯有抱着我不入地狱谁入地狱的精神,才能挽救一个萎靡而自私的民族……不经过战斗的舍弃是虚伪的,不经劫难磨炼的超脱是轻佻的,逃避现实的明哲是卑

怯的。①

中国古人品评人物、月旦时贤，往往持论极苛，气节操守重于其才能事功。才能随高随低，不能也不必强其同；事功有微有巨，却都难逃成住坏空。诸位先圣先贤的才能际遇，我辈可望而不可即，诸位高僧大德的功勋业绩，我辈也只能兴高山之叹。然而有为者亦如是，先人雄勇坚忍，严顽立弱，使懦夫有立志，况人皆可为尧舜，草木亦可成佛，我辈后学又怎敢不追比前贤，于电光石火间念念勇猛精进呢？

---

① 〔法〕罗曼·罗兰：《名人传》，傅雷译，北京日报出版社2017年版，第5页。

第三章

人文圣境

　　七塔寺建寺将近一千二百年，其间涌现了无数的高僧大德，他们道行高深，其语默坐卧，无不如羚羊挂角，无迹可求，处处体现出得道者安闲自在的潇洒风度。大乘佛教之本怀，在于自度度人、自觉觉他的弘法利生精神，一辈辈法门龙象不舍众生，倒驾慈航，留下了诸多的文字般若，为迷途众生当机开示，昭示佛法之真实不虚。

　　七塔寺历史上留传的诗歌唱和、高僧说法以及楹联匾额不但数量众多，质量亦属上乘，内容深湛且音韵优美。惜乎第一义不可说，非亲证者不知其中究竟，因而门外谈禅乃佛门大忌，稍一不慎，即可能未显阐释奥义之功，反坐毁佛谤法之实。笔者不此之图，特辟一章，意在为想见其名却不能身临其境者作一孔之见，望乞读者见谅。

第一节　诗作唱和

溥常长老住持七塔寺期间，传戒、修宗谱、办报恩佛学院和院刊，奠定了七塔寺文化建设的基业。溥常法师出家后，亲近清代著名义学大师法忍和尚多年并得其心印。法忍即是法忍本心，他提倡坐禅，耕作之余讲说《楞严经》《法华经》《楞伽经》《唯识论》等经论，被誉为清末宗门四大尊宿之一[①]，著有《楞伽笔记》一书。法忍为溥常开示《永明延寿禅净四料简》[②]，强调禅净双修。溥常听后受益匪浅，觉悟到禅净双修的重要性，这对他在佛学闻思修方面的修行有很大的影响，其文字作品和日常生活中无不体现着禅悦之风。溥常法师希望把七塔寺这座选佛场办得更好，重振禅纲。1936年冬月，七塔寺举行打禅七

---

① 即威仪第一天宁寺之冶开，戒行第一宝华山之圣祖，禅定第一金山之大定，智慧第一法忍本心。
② 即"有禅无净土，十人九蹉路，阴境若现前，瞥尔随他去。无禅有净土，万修万人去，但得见弥陀，何愁不开悟。有禅有净土，犹如戴角虎，现世为人师，来生作佛祖。无禅无净土，铁床并铜柱，万劫与千生，没个人依怙"。

活动，溥常法师特作《题禅堂起七》诗：

> 曹溪一滴水清凉，大地众生不肯尝；但把尘缘都放下，管教般若自馨香。拈花笑处心灯续，击竹声中古路扬；今日报恩开巨冶，煅凡炼圣振禅纲。①

首联中"曹溪"一词一语双关，其字面意思指六祖慧能驻锡的南华寺门前的一条小河。广东夏天炎热，喝一口清凉的曹溪水，能使人暑意顿消，神清气爽。佛法大义教人解脱，有使人清凉解脱之意，所以"曹溪"二字实际上又暗指佛法，尤其是禅宗的南宗，因为慧能是在南华寺创立的禅宗南宗。禅宗法脉流布五湖四海，正像曹溪滴水也可以汇聚成江河大海。但可悲的是，很多人与佛无缘，或没有受到佛法熏修，或不理解佛法真谛，邪知邪见，如在火宅，不能解脱。

颔联则点出了佛教的核心义理是放下，不执着，正像《金刚经》所教诲的"应无所住而生其心"，人之烦恼，在于对外界

---

① 陈寥士：《七塔寺志》卷八，中华佛教出版社、百通（香港）出版社2004年版，第11页。

事物的执着，所以只有放下对外界事物的贪恋，才会随时随地任运自在，如实体悟深刻的佛教真理，证得无上的般若智慧。

颈联中"拈花笑"是一则著名的禅宗公案。这里借用拈花微笑的典故，实则蕴含了溥常法师对于打七僧众的殷切期望，希望通过此次禅七活动，促使僧众明心见性，彻悟本来，接传佛祖心印。

尾联归旨七塔寺。七塔寺是临济宗中兴祖庭之一，自慈运老法师住持之后，法脉得续，禅风广播，不但于宁波城内独树一帜，而且名扬海外，常住四众在此听经闻法，不但自己由迷向悟、由凡转圣，而且还担负着绍隆佛种、重振禅纲的神圣使命。

溥常法师与芝峰法师关系莫逆。芝峰法师是太虚大师的得意弟子，曾奉太虚大师之命主编近代历时最久、影响最大、学术价值最高的佛教期刊《海潮音》。他对溥常法师的禅学修养评价很高，为此曾作《赠溥常长老》诗：

长老菩提偏解空，夜深浩浩月明中。安禅不计天花落，弹指能教顽石聪。佛性无分南与北，水波不别异还同。今人尚作古人事，一喝犹余三日聋。①

　　这首赞誉溥常法师的七律，奇特之处就在于用典，四联之中五处用典，并且用得恰如其分。首联"长老菩提"指佛祖座下十大弟子之一的须菩提，因其恒乐安定、善解空义、志在空寂而被推为解空第一，其事见诸《阿含经》《大智度论》等经论中，《金刚经》就是佛祖应须菩提代众祈请而讲说。这里借用须菩提解空的典故，意在说明溥常法师和长老须菩提一样，善解空性，其悟境之深，足以像一轮明月照破深沉的长夜。

　　颔联仍然借用须菩提岩中禅坐的典故。作为离欲阿罗汉，须菩提与世无争，经常在灵鹫山山洞里禅定思维。一次，他在禅定中入空三昧，其行功之深，护法诸天也为之感动，纷纷将天花撒落在须菩提面前。须菩提出定后问道："我于般若波罗蜜未曾说一字一句，你们为何要赞叹我呢？"诸天回答："尊者无说，我们无闻。无说无闻，这才是真正的般若啊。"第四句则借用了"顽石点头"这一家喻户晓的佛教故事。东晋时，竺道生法师因

---

① 陈寥士：《七塔寺志》卷八，中华佛教出版社、百通（香港）出版社2004年版，第11、12页。

为提出"一阐提人亦可成佛"而不容于众,被逐出寺庙。后来他在苏州虎丘山聚石为徒,终日为其讲解《涅槃经》,继续阐"阐提成佛"之说。讲至精彩之处,便问石头有佛性否,群石皆为点头。后来《大本涅槃经》传入中国,明确提出一阐提人也可以成佛,证明道生论断之正确,他也因此被称为"孤明先发"。"岩中禅坐"和"生公说法,顽石点头"这两个典故是仍然赞叹溥常法师禅定功深且不计回报,其愿力之深,足以教化世人。

颈联中用到了六祖慧能的典故。慧能到黄梅初见五祖弘忍,五祖问:"你是岭南人,怎么能够成佛呢?"六祖答:"人虽有南北之分,但佛性却是人人共有的,并不会因为南方人北方人而或有或无。"人与佛性的关系,就像水与波的关系,静时为水,动时为波,二者实为一体,水的本性却始终不变。

也正是因为佛性无南北,亦无今古,人人都平等地具有成佛作祖的种性,所以在佛法修行上,古往今来的高僧大德做的实际上是同样的事情,只不过他们成佛作祖的方式方法有所不同,这就是《金刚经》所说的"一切贤圣皆以无为法而有差别"。在诸多的佛教修行法门中,禅宗一家尤为殊胜。据《景德传灯录》记载:"一日,师(即百丈怀海禅师)谓众曰:'佛法不是小事。老僧昔再蒙马大师一喝，直得三日耳聋眼黑。'"后来这种方式与棒打一起成为临济宗接引学人的一种手段，称为"棒喝"。最后两句是说溥常法师继承了历代祖师的教法，颇具刚烈峻急的临济禅风。

民国二十四年（1935），农历九月二十一日早二板起香，智老等二百余禅僧云集一堂，偶咏七律，录呈寥士先生赐和：

> 大冶红炉是日开，凡圣煅炼脱尘埃。栖心寺额明今古，选佛场中识去来。禅定幽深梭路细，智光澄照夜船回。木樨花放闻香晓，梅子阿谁话熟哉？①

这是溥常法师纪念 1935 年七塔寺打禅七的一首七律。首联交代了此次打禅七的目的和意义。人人都有资格、有机会成佛，佛门是炼就圣贤的地方，因而叫作大冶红炉。在这个大熔炉里，无论一个人的权利、地位、知识等条件有什么差别，都要平等地进行心性的锻炼，像脱去渣滓、炼铁成钢一样。

---

① 陈寥士：《七塔寺志》卷八，中华佛教出版社、百通（香港）出版社 2004 年版，第 9 页。

颔联"栖心寺额"一语双关,它既是七塔寺历史上的第二个曾用名,又意指古往今来一切高僧大德之所以明心见性,照彻古今,都是因为他们做到了"栖心",即安顿好自己的本心。"选佛场"是指开堂、设戒、度僧之所,慈舟大师说:"皈依佛法的人虽多如牛毛,而毕竟成佛的仍稀如麟角。佛教原是选佛场,怎么叫选佛场呢?无论何人,只要肯用功,且用得相应,自然就有觉悟,大家一处一比,就显出来了。"此次二百余僧众聚集一堂打禅七,目的就是要在七塔寺这座选佛场、大熔炉中参悟"未生我时谁是我,已生我后我是谁"的话头,明了自己从哪里来,到哪里去,彻悟本来。

颈联意思是说,禅之境界幽冥深奥,引人入胜,但是通往禅境的道路却像织布的梭子一样窄细难通。通过禅定证得的般若智慧就像漫漫长夜里的一盏明灯,指引着大海上迷途的船只找到归程。

尾联是说,尽管禅境难通,但是只要一门深入,一旦因缘成熟,必定桶底脱落,就像木樨花(桂花)一样,经过一夜酝酿,第二天清晨人们一定会闻到它芬芳的香气。"梅子熟了"是一则禅门公案。相传大梅法常法师在马祖道一座下开悟后,即迁往大梅山结茅隐修。马祖听说后,即派僧人前往勘验法常是否真正彻悟了。那僧问道:"和尚见马大师得个甚么,便住此山?"法常禅师道:"大师向我道'即心是佛',我便向这里住。"那僧又道:"大师近日佛法又别(大师最近讲法又变了)。"法常禅师问:"作么生?"那僧道:"又道'非心非佛'。"法常禅师道:"这老汉惑乱人,未有了日。任他非心非佛,我只管即心即佛。"马祖知道后,赞叹道:"梅子熟也!"这里借用"梅子熟了"的公案,溥常法师表达了对打七僧众的深切期望,希望他们能够像大梅法常禅师一样悟境现前、明心见性。

第二节 法语开示

七塔寺从建寺伊始,即高建法筵,千百年来禅风广播,讲学不辍,可惜因为战乱,详细资料已杳不可寻。现在所能看到的语录开示,大多是晚清以来的高僧大德所留下的,如虚云法师、慈运长老、谛闲法师、太虚大师、圆瑛法师、溥常法师等近代佛教史上开一时风气之先者。兹仅举一二,以飨读者。

1933年农历十一月十七日溥常法师升座,他晋院时说法语:

（和上拈香祝圣毕，敛衣就座，举如意云）是日弥陀圣诞节，大地善信皆欢悦。新举住持才升座，且将如何对众说？忆前金陵毗卢露丑，今住宁波七塔报恩，未免又作一场卖弄了！古人道：法随法行，法幢随处建立，殊属自笑其不自量耳！昔日法灯和尚云："山僧卑志，本欲栖身岩窟，隐遁过时，缘因先师有不了底公案，出来为他了却。"时有僧问："如何是先师未了底公案？"和尚打云："祖祢不了，殃及儿孙！"请问诸上座：且道过在什么处？还有能检点得出么！溥常老朽自愧，既承来宾道贺，两序珍重久立，据此座，行此令。单单只卖死猫头，无知咬着冷汗流。将此深心奉尘刹，是则名为报佛恩。（下座）①

溥常法师在这则法语中拈出了一则禅宗公案，即"法灯未了"。法灯即宋代清凉泰钦和尚，谥号"法灯"。一日，他向大众说："我本想居山，藏拙养病，打发时光，无奈与先师有未了的公案，只好出来与他了却。"有僧问："如何是先师未了的

---

① 陈寥士：《七塔寺志》卷六，中华佛教出版社、百通（香港）出版社2004年版，第4页。

公案?"法灯便打曰:"祖祢不了,殃及儿孙。"僧人继续问道:"我的过错在哪里,你要这样打我?"法灯回答:"过错在我,但是殃及到你。"在法灯未了这个公案里,"先师未了底公案",意为济度众生是出家人的无尽悲愿,先师没有做完的事业,自己要继续做下去。僧人不解其中深义,仅就字面理解,法灯禅师因予棒喝,冀其开悟。僧人仍不此之悟,法灯禅师只得明说,"我不能让你明心见性,你要自性自悟。"溥常法师用这一公案提示大众,尽管"法无定法,法随法行",但是仍然要自救自度,"检点得出"。从南京毗卢寺到宁波七塔寺,溥常法师自谦上堂说法为"卖弄","单单只卖死猫头"是自谦之词,意为自己办法不多,所以才会"无知咬着冷汗流"。无论在哪里,都"法随法行,法幢随处建立",都要弘法度众,"将此深心奉尘刹",以报佛恩,而不能尸餐素位,无所事事,辜负两序大众的殷切期望。

溥常法师又在同年腊八升座法语时云:

雪岭六年,弄巧成拙;出得身来,天空地阔。好事大家知,今朝腊月八,正觉山前,明星现时,释迦与大地众生，一时成佛，祖师门下蹉口道着佛字，漱口三日。先行不到，末后太过，各与二十拄杖，旁有不甘者汉出来，本觉与人判断，也合与二十拄杖。老僧今日与现前上座说，二边不立，中道不居，正恁么时，怎么生会？要了就了，瞿昙讨烦恼，入山出山，自起自倒。夜来斗转玉绳横，不觉全身堕荒草。（喝，下座）①

开示提到释迦牟尼雪山修道的故事。相传释迦牟尼出家后，先在雪山修道长达六年之久，日食一麻一麦，终于体力不支，至奄奄一息仍未见道。释迦牟尼由此悟到，苦修并不能引导自己觉悟，遂毅然终止。出得身来，接受了牧羊女的乳糜供养，奋发自新，于十二月初八在菩提树下豁然开悟，成就无上正等正觉。此时启明星正从东方升起。佛陀感叹道："奇哉！奇哉！大地众生，皆具如来智慧德相，但以妄想、执着不能证得。"意思是众人都具有成佛的可能性，众生与佛的差别只在于佛不妄想、不执着。

---

① 陈寥士：《七塔寺志》卷六，中华佛教出版社、百通（香港）出版社2004年版，第5页。

释迦牟尼开悟后即开始了教化众生的生涯，其一生说法四十九年，而实无所说。禅宗强调在各人心地上用功夫，以期明心见性，彻悟本来。禅宗反对任何心地之外的修行功夫，这也正是禅门"念佛一声，漱口三日"的原因，也是一些宗门大德喝佛骂祖的初衷。这样做的本意并不在于欺师灭祖，毁谤佛法，实在是为了破除凡夫对于表象的执着。溥常法师作为临济传人，因袭了禅宗这种貌似极端的启发方式，称佛陀入山修道、出山创教为画蛇添足，多此一举，因为人人本具佛性，只要彻悟了自己的本心自性，不执着两边，也不执着中道。执着于佛陀雪山苦修、睹星悟道等事迹，就着了相，实为舍本逐末，数他人宝物，于自己开悟毫无裨益。

七塔寺举行传戒法会期间，圆瑛法师多次上堂说法，留下许多法语开示，兹举一则如下：

佛语心为宗，无门为法门。无门之门，即是大陀罗尼门，总一切法，持无量义，所有一切方便门、解脱门、慈悲门、精进门、三昧门、智慧门，一一无不从此一门而得建立。即今一门在那里呢？（顾左右云）五眼觑不到处，四辩说不及处，便是。请参看！若能参透这一门，则八万四千法门任从出入，无不自在。其或未然，待向第二峰头，再为旁通一线消息。今者求戒弟子，为求上品净戒，特请上堂，指陈法要，且道作么生说呢？（卓杖云）一心湛寂自性戒，不垢不染本真常；三聚五篇皆具足，只于直下要承当。[1]

"佛语心为宗，无门为法门"，语出宋永明延寿禅师《宗镜录》，是对禅宗经典《楞伽经》的概括。苏东坡曾为《楞伽经》作序，其中说道："《楞伽阿跋多罗宝经》，先佛所说，微妙第一真实了义，故谓之佛语心品。祖师达摩以付二祖曰：'吾观震旦所有经教，惟《楞伽》四卷，可以印心，祖祖相授，以为心法'。"因此之故，《楞伽经》又被称为"佛语心经"，《楞伽经》四卷均以"佛语心"作为卷目。

禅宗提倡直指人心，见性成佛，以心法相传为其宗门特色，因而"佛语心为宗，无门为法门"也是禅宗的一大特色。"无门"本为佛心之异名。佛教认为"第一义不可说"，言语道断，

---

[1] 转引自贾汝臻主编：《七塔寺人物志》，宗教文化出版社2008年版，第313页。

心行处灭，对于最高妙圆通的佛教真谛，不能通过理性思维把握，而只能以"无"为门，无门即是门。只有这样，才能悟入大陀罗尼门。大陀罗尼是一种总摄忆持无量佛法而不失正念的能力，有这种能力的人，能于一切法中持一切法，于一切文中持一切文，于一切义中持一切义，总持无量佛法而不散失放逸。佛法广大无边，而陀罗尼门则是佛法的无门之门，总括了佛教八万四千法门。三千世界，不二法门，八万四千法门说到底也不出心地一门，此心门即为大陀罗尼门，微妙难思，不可言说。持戒者入此门修行，自然不离正道，一心不染，具足三聚净戒①与五篇戒律②之功德，证得无上菩提。

七塔寺举办弥陀法会期间，圆瑛法师曾应邀上堂宣说法语：

今朝法会已云周，正好从闻起正修；但把自心念他佛，自他本不隔毫头。诸上座，西方过十万亿佛土，有世界名曰

---

① 三聚净戒即摄律仪戒、摄善法戒、摄众生戒等三种戒法。持律仪戒即诸恶莫作；摄善法戒即诸善奉行；摄众生戒即广修善法，利益一切众生。其中，前两戒为自利，后一戒为自利与利他，称"二利圆满"，为学大乘者所应共持。
② 五篇即犯罪分为五等，分别为波罗夷、僧残、波逸提、提舍尼和突吉罗，此五等罪分别配以五刑，即死、流、徒、杖、笞。

极乐,其土有佛号阿弥陀。当知吾人心性,本自竖穷横遍,即极乐之依正庄严,亦非心外别有。故修净业者,以即佛之心,念即心之佛,不住有念,不落无念,有无双遣,全归中道。虽属持名之行,可达实相之理。昔有一僧云:忽然起念念弥陀,平地无风自作波;念念消归无念处,岂知无念亦为多。若向这里见得亲切,自可不离娑婆,诞登极乐。生则决定生,去则实不去矣。今者护法善人敦请上堂,指陈个事,且道如何始得呢?(良久云)感应道交不用疑,法门殊胜有谁知?娑婆信愿持名日,正是莲池结蕊时。①

本段开示意在阐释唯心净土之意。极乐世界固然在西方,更在众生心中。《维摩经》说:"随其心净,则佛土净。"意为人心广大,包含万法,极乐世界、佛国净土实际上是唯心所现,离心并无别土。修净土者,诚心念诵佛号,眼与口合,口与心合,久久纯熟,声声佛号历历分明,无有间断,不住于有念,亦不住于无念,若有若无,非有非无,心中净念自然打成一片,

---

① 转引自贾汝臻主编:《七塔寺人物志》,宗教文化出版社2008年版,第317页。

洞见诸法实相，与阿弥陀佛感应道交。此为佛法中道妙义，是丝毫不用怀疑的。

"昔有一僧"即指明末清初僧人大勋，其《怀净土诗》云："兀然起念念伽婆，平地无风自作波。念念消归无念处，岂知无念亦为多。"意为突然想起要念阿弥陀佛佛号，修净土法门，这本身就是平地无风，自起波澜，一旦念佛功夫纯熟之后，念念消归无念，才发现无念本身也是有念，也是多余的。净土法门亦主张心、佛不二，心、佛、众生，本无差别，众生与佛之差别，只在一心之迷悟，心若迷，则佛是众生，心若悟，则众生是佛，所以要以即佛之心，念即心之佛。迷人外道不了此意，心向外求，却不知极乐净土与娑婆世界都是一心变现。净土法门殊胜，娑婆世界诸众生若正信正念，持名念佛，定可获得往生西方极乐世界的殊胜功德利益。

光绪二十四年（1898）春，虚云法师应邀至七塔寺协助默庵长老讲经，留住七塔寺有半年多时间。在此期间，虚云法师既讲解佛教经典，又经常应请上堂，开示学人。农历四月初八佛诞日，虚云法师上堂说法：

（升座，拈香毕，敛衣就座。上首白椎云）法筵龙象众，当观第一义。（执拂子云）年年有个四月八，人人尽道生悉达。惹得云门不肖儿，白棒无情要打杀。且道释迦老子过在什么处，云门意作么生？众中还有检点分明者么？（僧问）师尊画蛇添足，云门雪上加霜。未审和尚如何？（师便打。进云）正是雪上加霜。（师云）担枷过状。（问）佛未出世时如何？（师云）一镞撩天。（进云）出世时如何？（师云）四楞着地。（僧拟议，师打云）天上天下，惟吾独尊！（随云）觌面风雷白浪翻，满盘璀璨宝珍珠。当机托出难酬价，终不和沙卖与人。（上首白椎云）谛观法王法，法王法如是。（下座）①

上首白椎所言，乃是开场白。禅林一般以上座或维那为领法，犹如主持人一般，长老讲经前后，需由上座或维那做开场白与结语。"法筵龙象众，当观第一义"，是提醒与会大众要谛观第一义，为听闻虚云法师开示做好准备；最后"谛观法王法，法

---

① 转引自贾汝臻主编：《七塔寺人物志》，宗教文化出版社2008年版，第259页。

王法如是",乃是总结,意为佛法真实不虚,而不需要言语思维,身外寻觅。虚云法师于佛诞日上堂说法,趁机拈出一则禅宗公案。相传四月初八悉达多太子(修道成佛后称释迦牟尼)刚出生下地时,即一手指天,一手指地,周行七步,环顾四周,说道:"天上天下,唯我独尊。"历代祖师大德对此多有评述,其中又以云门禅师最为突出,他说:"我当时若见,一棒打杀,与狗子吃却,贵图天下太平。"如此大逆不道、欺师灭祖的言语,实则含有深意。佛陀出世的本怀,在于开示迷惘众生,引导众生开示、悟、入佛之知见。这是针对一般迷惘众生而言,但对那些已经彻悟本来、明心见性的大根器修行者而言,所有的说教都属多余,说教越多,反倒离佛法真谛越远,使本来清净者难得清净,索性不如一棒打死,免得许多麻烦。虚云法师以此勘验在场闻法者,是否有人当机悟入。有僧人说"世尊画蛇添足,云门雪上加霜",既然连世尊出世都是多余的,那么云门又何必说破,多此一举呢?结果吃了虚老一杖。僧人马上说"正是雪上加霜",意思是虚老打他也是多余。虚老说"担枷过状",意思是僧人先被自己的知见束缚住了,因为他的回答都是理性思维推理的结果,就像带了枷锁去官府递状子一般,是不能体悟禅者自由洒脱的境界的。"一镞撩天",意为佛不出世,众生虽欲解脱出离,却不得其门而入,其挣扎奔波,都是白费功夫,就像朝天射箭,终将落地。"四楞着地"是说佛出世后,众生有了依怙,心里便踏实了。僧人还想继续思维辩解,虚老就此打住,说道"天上天下,惟吾独尊",意在提示僧人,只有自己本来具有的佛性,才是十方三世唯一的真实,才是自己受用无穷的宝藏。虚老最后谆谆教诲在堂僧众,波浪滔天的大海中有无数璀璨珍宝,那就是自己的本心本性,要认真认取体证,使其更加光明耀眼,而不要迷失本性,将其混同于泥沙,卖与他人。

七塔寺讲律时,虚云法师应邀上堂说法:

(拈拄杖云)佛慈垂化示三身,开权显实露天真。若能言下契斯旨,何必添泉月入瓶。所以昔日卢行者薙发,受智光律师满分戒,正谓"富嫌千口少";高沙弥知这般事便休,所谓"贫恨一身多"。今日崇寿七塔寺,四众云集,听讲戒经。须知戒性如虚空,持犯非言道,如天普盖,似地普擎。富者得之而不骄,贫者得之而无乏,向这里直下知归,稳坐没底船,直达菩提岸。如或不然,五篇三聚从头说,黄叶金钱君自看。今诸学戒上座等,设斋请法,为祈戒根清净,且道即今庆赞一句作怎么道?(良久云)清净本然,周遍法界。①

"三身"是指佛陀为教化众生,根据众生根器不同而示现的不同身相,即法身(理法之聚集,为佛所见身)、报身(智法之聚集,为菩萨所见身)、应身(功德法之聚集,为凡夫所见)。佛陀以三乘说教(即声闻乘、缘觉乘、菩萨乘)开示方便法门,开权显实,最后归于一佛乘。众生如果能体悟自己本来具有的佛性,即与佛无别,如月在手中,不需临水看月。当年的卢行者(六祖慧能)即明心见性,称性行事,作务圆融,得圆满戒法。高沙弥(六祖慧能的子弟神会)因对禅的理解停留在理性思维的层面,不在心地上下功夫,被六祖批评是"知解宗徒"。持戒重在自心戒性,若心佛合一,自然处处圆融无碍,"稳坐没底船,直达菩提岸"。如果不持自性戒,即使将戒律条文倒背如流,也不能明了戒律精髓,如将黄叶当作黄金一样认废为宝。虚老最后勉励诸人,各人本具佛性,遍周一切处,如能善自护

---

① 转引自贾汝臻主编:《七塔寺人物志》,宗教文化出版社2008年版,第263页。

持，一定会受用无穷。

另：

> 寒食来三天，清明去二日。去时为万有，归来复唯一。万有斯支蔓，唯一乃真实。宁波桥报恩七塔僧堂前，都与上座相见了也。宾头卢老比丘往北俱芦洲抄化，也趁回应斋。没尾猢狲、无位真人，各受一分馒䭇。适来双角麒麟，趁个五蹄白马，在法堂走一赵。汝等诸人若不见信，问取惟一大师，自然与汝道破去也。（良久击拂子云）谁料金毛狮子子，爪牙不露甚希奇！[1]

这段法语是虚云法师应惟一大师（慈运法师号皈依，或因介绍人口音之过，虚云法师误听误说为惟一）之请上堂所说。世间万法，各具特色，是为"万有"，但是缘起性空，这森罗万象的共同点都是本性为空。世间万象都属支蔓虚幻，空性才是根本实相，即所谓"万有斯支蔓，惟一乃真实"。宾头卢为佛弟

---

[1] 转引自贾汝臻主编：《七塔寺人物志》，宗教文化出版社2008年版，第264、265页。

子,十八罗汉之一,少年出家学道,证得阿罗汉果,颇有神通,现白头长眉之相。后因在人前显示神通,被佛呵责,不许住于阎浮提,去西瞿耶尼洲施化。后虽回还,但佛仍不许其涅槃,令为末法之人作福田,宾头卢也立誓三天下①有请悉赴。七塔寺设斋普供,不但宾头卢尊者会来赴斋,上至无位真人(彻悟本来面目的圣者)、下至没尾猢狲等诸道众生也都会来,都会在此均等地得到一份供养,包括双角麒麟(麒麟本一角)、五蹄白马(马本四蹄)也来此赴供了。这说明此次普供大会因七塔寺四众无差别的平等心而产生了殊胜的感应。如果不相信,可问惟一大师(即慈运法师),自然会明白。最后一句是说慈运法师平日韬光养晦,不显山露水,是深藏不露的法门龙象,表达出虚老对于慈运长老的敬意。

第三节 楹联匾额

七塔寺圆通宝殿四周石柱上镌刻着多副楹联,这些楹联或讲述七塔寺的历史由来,或赞扬七塔寺的地缘形胜,不但对仗

---

① 即东胜神洲、南瞻部洲、西牛贺洲,此三洲皆为有佛法之地。

工整，文采斐然，更兼书体精妙，铁画银钩，既有神奇的佛教传说，又蕴含着深刻的佛教义理，极大彰显了寺院的文化品位。这里仅列举一二，试做讲解如下：

释迦对韦提夫人，说十六妙观，专观极乐慈父，见身实相出苦海；

弥陀为法藏乞士，发四八誓愿，惟愿娑婆众生，念佛洪名坐金莲。

上联中"韦提夫人"又作韦提希夫人，是印度摩羯提国的王后，其子阿阇世听从恶友教唆囚禁了国王。出于对国王的恭敬爱戴，韦提夫人沐浴之后，将酥油、蜂蜜和面涂身，又于璎珞中空之处注满葡萄汁，给国王享用，国王遂免于饿死。阿阇世知道后，把韦提夫人也囚禁在了深宫之中。被囚的韦提夫人忧愁憔悴，向耆阇崛山虔诚礼拜，祈求佛陀救度。释尊遥知韦提心之所念，刹那间即现紫金身，坐百宝莲花，在漫天花雨的虚空中出现在韦提夫人面前。韦提夫人见状，祈求佛陀为说无忧恼处。师尊放眉间光，其光金色，遍照十方无量世界，十方诸佛净妙国土，皆于中现。当时韦提夫人将一一佛土都看清楚，对佛说："是诸佛土，虽复严净，皆有光明，我今乐生极乐世界阿弥陀佛所。唯愿世尊，教我思惟，教我正受！"佛告韦提夫人："阿弥陀佛去此不远，汝当系念，谛观彼国。"师尊又为韦提夫人说十六妙观①，韦提夫人闻佛所说，心生欢喜，叹未曾有，豁然了悟，得无生忍。

下联也讲述了一则佛教传说。据说阿弥陀佛在成佛前的一世间，是妙喜国的国王。因其悟性高明，所以在当国王时便能够很快契入佛法。此后他放弃王位，出家为僧，法号即法藏比丘。法藏比丘深感众生之苦，便向世自在王如来请教如何建立净土，世自在王如来为其广说二百一十亿诸佛刹土，天人之善恶、国土之粗妙，应其心愿，悉现与之。法藏比丘因经过五劫思维，才发下建立净土的四十八大愿②。法藏比丘发此四十八大

---

① 即日想观、水想观、地想观、宝树观、宝池观、宝楼观、华座观、像观、真身观、观音观、势至观、普想观、杂想观、上辈观、中辈观、下辈观。十六观是通过忆念弥陀之身及净土往生西方的净土法门。
② 即国无恶道愿、不更恶道愿、身真金色愿、形色相同愿、宿命智通愿、天眼普见愿、天耳普闻愿、他心悉知愿、神足无碍愿、不贪计身愿、住定证灭愿、光明无量愿、寿命无量愿、声闻无数愿、随愿修短愿、不闻恶名愿、诸佛称叹愿、十念必生愿、临终接引愿、欲生果遂愿、三十二相愿、一生补处愿、供养诸佛愿、供具随意愿、演说妙智愿、那罗延身愿、一切严净愿、道树高显愿、诵经得慧愿、慧辩无限愿、照见十方愿、宝香妙严愿、蒙光柔软愿、闻名得忍愿、脱离女身愿、常修梵行愿、天人致敬愿、衣服随念愿、乐如漏尽愿、树中现刹愿、诸根无缺愿、清净解脱愿、闻名得福愿、修行具德愿、普等三昧愿、随愿闻法愿、闻名不退愿、得三法忍愿。

愿后，大千世界六种震动，虚空中天神散花，天乐飘扬，赞叹法藏比丘"必定成佛"。经过数劫努力，终于成就了西方极乐世界，众生可通过一心念佛到达西方极乐世界，不但与诸大菩萨俱会一处，听受佛法，而且寿命无穷，智与佛齐，彻底摆脱了六道轮回之苦。

　　一生补处寄诸天，普现菩萨身，当年鹿野苑中，曾助迦文传密意；
　　三界轮回仍故我，誓修唯识定，他日龙华会上，愿随无著觑慈颜。

上联中"一生补处"是菩萨的最高阶位，凡此阶位的菩萨，境界不退且功德常增，经此一生即可补处佛位。在十方世界中，一生补处菩萨有很多，如观世音菩萨补处阿弥陀佛，维摩菩萨补处阿閦佛，弥勒菩萨补处释迦牟尼佛。阿弥陀佛是极乐世界的教主，他入灭后，观世音菩萨就补处佛位；观世音菩萨入灭后，则由大势至菩萨补处佛位。此处特指弥勒菩萨。娑婆世界以释迦牟尼佛为法王，释迦牟尼佛的佛法灭尽后，弥勒菩萨就会来补处释迦牟尼佛的佛位。弥勒佛为婆罗门慈氏子，他智与佛齐，也会像释迦佛一样在人间投胎、出生、出家、修道、证果、度生，成为娑婆世界的下一任佛。因而弥勒佛与释迦牟尼佛，大致可以说是未来佛和现在佛的关系。弥勒佛补处佛位前，住在兜率宫内院，释迦牟尼佛成佛前也住在兜率宫内院。

"诸天"则指欲界六种诸天众，即四大天王、忉利天、夜摩天、兜率天、化乐天和他化自在天，有时也包括更高级的色界、无色界和梵天，以及相对较低的地居天、天居天。据佛经记载，弥勒菩萨曾为佛弟子，释迦牟尼佛对他格外器重，但是他却先于释迦牟尼佛入灭。弥勒入灭前，释迦牟尼佛曾经预言，弥勒离开此世间后，会上生到兜率天宫，并在那里对诸天讲说佛法，直到释迦牟尼佛入灭后五十六亿六千万年，才从兜率天宫下生到人间。

释尊曾在王舍城鹫峰山告诉众比丘："整个南赡部洲来世将变成平原，人人会有八万岁的寿命，那时将会有位金身婆罗门子慈氏，舍弃家庭，修成正觉，普度众生。无论是出家、在家、受戒或犯戒的人，都会受到他的感化引导，从而修成正果，得到解脱。"当时慈氏菩萨听到释尊的话，从座位上站起身，回答道："愿我能成为这位世尊。"释尊告诉他说："正像你说的那样，你当证得此圣果。上面所说的，都是你教化的方式。"弥勒转世之时，正是释迦佛在鹿野苑初转法轮之际。弥勒菩萨于龙华树下成正等正觉后，曾三次说法，之前于释迦牟尼佛的教法下未曾得道者，于弥勒菩萨说法时，以上、中、下根之别，悉可得道。初会说法，度九十六亿人；二会说法，度九十四亿人；三会说法，度九十二亿人。

下联中"三界"是指众生所居的欲界、色界和无色界。因为众生不明心地真理，积累妄想，致成三界，并在其中沉沦迷惑，轮回流转，正如《法华经》所说，"三界不安，犹如火宅"。弥勒本身已经成为一生补处菩萨，境界不退转，功德不断增长，虽然在三界诸天中不断轮回，却不迷失心识，仍然能够明了自己的心地本性。同时，弥勒菩萨又被尊为唯识学的开山祖师，是大乘佛教瑜伽行派的创始人，因其修唯识观而著称于世。《楞严经》说：

我忆往昔经微尘劫，有佛出世名日月灯明。我从彼佛而得出家，心重世名，好游族姓。尔时，世尊教我修习唯心识定，入三摩地。历劫已来，以此三昧事恒沙佛，求世名心歇灭无有。至然灯佛出现于世，我乃得成无上妙圆识心三昧；乃至尽空如来国土，净秽有无，皆是我心变化所现。世尊！我了如是唯心识故，识性流出无量如来。今得授记，次补佛处。佛问圆通，我以谛观十方唯识，识心圆明入圆成实，远离依他及遍计执，得无生忍，斯为第一！

相传唯识宗经典《瑜伽师地论》是弥勒菩萨在兜率天所讲，是无著菩萨以定力上升到兜率天弥勒内院听讲后形成的文字记录。"龙华会"一般指农历四月初八浴佛节，这里是指弥勒三番说法之事。释迦牟尼佛曾授记说，弥勒将在自己入灭后下生补登佛位，并在龙华树下得道成佛。弥勒在华林园里的龙华树下三番说法，度脱上、中、下三种根基的众生，是为龙华会。"愿随无著觐慈颜"表达了作者对于弥勒菩萨的敬仰和向往之情。

佛从海上飞来，息足小普陀，无量无边，誓愿众生超苦海；

僧似山中习静，栖心大自在，即喧即寂，始知尘世有深山。

上联点出了七塔寺历史上的一段殊胜因缘。明朝初年，为避倭寇袭扰，汤和奉命将普陀山宝陀寺千手千眼观音圣像迁于栖心寺（七塔寺），此后七塔寺又被称为小普陀，此即"佛从海上飞来"一说。言"佛"而不名"观音菩萨"，一则为求对仗工整，再则菩萨本身即是佛，即正法明如来，因其慈悲心切，哀悯众生，故不居佛位，倒驾慈航，现菩萨身救度众生。《妙法莲华经·普门品》说："若有无量百千万亿众生，受诸苦恼，闻是观世音菩萨，一心称名，观世音菩萨即时观其音声，皆得解脱。"观音菩萨大慈大悲，誓愿无尽，救度众生超拔苦海，体现的正是大乘菩萨道的自利利他精神。

下联指出了佛教修行的方法。早期佛教以远离世俗红尘为特征，知足少欲、戒行清净，因而其修行场所大都在山林水边等僻静之处，"随顺寂寞最为第一"，即使在聚落村边，也要选择不闻大牛吼声之处。大乘菩萨道和禅宗则强调自度度人、自觉觉他，圆融不二地消解了出世间入世间的界限，"勿离世间上，外求出世间"，"佛法在世间，不离世间觉；离世觅菩提，恰如求兔角"，"烦恼即菩提"，都是这一思想的典型表达。烦恼和智慧、喧嚣与寂灭、尘世与山林等貌似二元对立，水火不容，实际上是一而不异、二而不二的。智慧只能从烦恼中勘破得来，寂灭也只能从喧嚣中修证契入。没有烦恼，也就失去了增长智慧的资粮；没有喧嚣，也就失去了证得寂灭的可能。明白了这个相辅相成的道理，也就明白了尘世与山林的相对含义，正如弘一法师所说：

> 常人见学佛法者多居住山林之中，与世人罕有往来，遂疑佛法为消极的、厌世的。此说不然。学佛法者，固不应迷恋尘世，以贪求荣华富贵，但亦决非是冷淡之厌世者。因学佛法之人，皆须发大菩提心，以一般人之苦乐为苦乐，抱热心救世之弘愿。不唯非消极，乃是积极中之积极者。虽居住山林中，亦非贪享山林之清福，乃是修戒、定、慧三学，以预备将来出山救世之资具耳，与世俗青年学子在学校读书，为将来任事之准备者甚相似。

所谓山林，意为清净寂灭，这种清净寂灭是不能从外部环境中得到的，只能从心而觅，在心地本性上下功夫。"随其心净则佛土净"，如果不修戒、定、慧，心地功夫不熟，纵然身在山林岩洞，终日索居独处，也逃不脱内心的煎熬，终与身处闹市无别。

结　语

走到最后，总会想到最初。从 2013 年至今，我来七塔寺不知凡几，其间在此小住也非止一次，熟悉这里的一草一木。手头这本小书即将截稿，欣慰之余，一个简单的哲学问题又自然而然呈现在心头：七塔寺之为七塔寺，靠的是什么呢？是因为它穿越千年，历史悠久，还是因为它曾经走出过无数的佛门大德呢？是因为直到现在我们依然可以看到几百年前它的艺文金石，还是因为它虽然度尽劫波却依然生机盎然呢？或者是因为其他的什么呢？

洋洋洒洒写了八九万字之后，竟然恍惚了，一时间思路竟为之阻塞。八九万字好像竟然没有把这样一个小小的问题说清楚。《金刚经》说："过去心不可得，现在心不可得，未来心不可得。"又说："一切有为法，如梦幻泡影。如露亦如电，应作如是观。"佛教时间观念之宏大，远超常人的理解，在如此宏大的时间序列里，成、住、坏、空，都只在诸佛菩萨低眉顺目的刹那之间，可见的，不可见的，可悲的，可喜的，可歌的，可叹的，都不过是电光石火，白驹过隙。

历史上固然没有任何完成不了的事，也没有过不去的难关，尽管跨越历史必然要面对诸多困难，但这不也正是历史迷人的魅力吗？寂寞生前事，荣耀身后名。在香烟缭绕的七塔寺，看着来来往往的善男信女，我不禁想，人前显圣、鳌里多尊的，或许终究不是那些于富贵荣名可及身而享的名流显达，或炙手可热的权贵豪强，千百年之后，谁还记得谁呢？

看看那些在庙堂里端坐的圣贤吧。生前颠沛流离，辛苦受尽，困厄一时却享誉千秋，言为时人经师，行为后世垂范，受着古今中外各色人等的供养。释迦牟尼、孔子、耶稣，莫不如此。不论生旦净末丑，智愚贤不肖，合十当胸，都是满心的虔敬，满身的规矩，不敢丝毫欺罔。

一顿头磕下来，南北不辨，然而不见本心，拜佛无益。可曾有一个瞬间认真想过，自己孜孜以求的到底是什么呢？人生苦短，死生事大，这是人类的终极困境，不论哪个时代，哪个地方，人们最终都要面对这个难题，人们的痛苦最终也都得追溯到这个矛盾。那些祖宗也正是在这里才成为祖宗。成佛作祖是大丈夫作为，终非王侯将相之所能为。

傍晚时分，圆通宝殿的大门关了起来，一天的时光就要结束，而明天一早，大门又会打开，它又将笑迎十方香客，就这样周而复始，年复一年。低徊在大殿前古旧的青石广场上，回首夕阳余晖下的大殿，雄伟、斑驳。没有人能说得清这座大殿经历了多少荣辱兴衰，也没有人能知道白天享受香火供奉，此时已经悄然隐退到门后深沉黑暗中的观音菩萨，见证了多少人事的消歇起伏。眼底沧桑阅尽，却始终默坐无言，这不也是诸佛菩萨无声的开示吗？

"高山仰止，景行行止，虽不能至，然心向往之。"谨向那些已然过往而英灵永在的高僧大德致以我最深沉诚挚的敬意！

附录一

七塔寺大事年表

唐　朝

大中十二年（858），任景求舍宅为寺，名为东津禅院，敦请马祖道一法孙、五泄灵默法子心镜藏奂禅师开山。

咸通元年（860），心镜禅师于栖心禅院禅坐，惊退裘甫乱军。

咸通二年（861），明州郡绅将心镜禅师安坐退敌事奏闻朝廷，请诏改"东津禅院"为"栖心寺"，唐懿宗恩准，宰相裴休为之捐帛，并题写匾额。

咸通七年（866）八月三日，心镜禅师于栖心寺圆寂。

咸通十年（869），心镜大师于天童岩荼毗，得舍利数千颗。

咸通十三年（872），弟子戒休赍心镜大师行状并携其七颗舍利诣阙请谥。十一月四日，唐懿宗敕命将舍利供奉在皇宫中内道场。

咸通十三年（872）十一月二十九日，唐懿宗赐心镜藏奂禅师谥号"心镜"，赐塔名"寿相"。

咸通十四年（873）六月二十八日，立塔，僧惠中造塔，金华县尉邵郎题额，塔记现存一百三十字。

咸通十五年（874），戒休敦请明州刺史崔琪撰写《心镜大师碑》。

宋　朝

大中祥符元年（1008），宋真宗改"栖心寺"为"崇寿寺"。

至和二年（1055），明智中立于栖心寺出家。

元祐二年至崇宁四年间（1087—1105），觉云智连于崇寿寺惠宗门下受业。

政和八年（1118），宋徽宗将崇寿寺改为"神霄玉清万寿宫"。

宣和二年（1120），改神霄玉清万寿宫为"栖心崇寿寺"。

乾道三年（1167）三月，栖心崇寿寺维那为日本使节阐说佛法大意，并指出其佛教文书中七处错误，被尊为"天下维那"。

开庆元年（1259），允泽于崇寿寺出家。

南宋时，志磐拜访栖心寺元妙法师，得到一篇旧文，考虑到瘗女古佛不为世人所知，因而作《戒香维卫古佛记》，元妙法师请寺主师亮将此文刻于石碑，留存寺中。

智亲幼年出家栖心寺，学习《法华经》，绍兴初年经策试中选为僧，此后于宁波城东组织昙华社，诵习《法华经》。

明　朝

洪武二年（1369），毁内法堂，于原址及塔后地余址建养济院。

洪武二十年（1387），信国公汤和将普陀山宝陀寺观音像迁徙栖心寺（崇寿寺）供奉。

洪武二十一年（1388），朱元璋改"崇寿寺"寺额为"补陀寺"。

永乐二十二年（1424），住持汝庆建圆通宝殿。

宣德七年（1432），住持永诜建毗卢阁。

天顺二年（1458），住持文彬建藏经宝阁、大慧殿、弥陀殿及廊庑等屋。

天顺六年（1462），造补陀寺大钟，钟身题"天顺六年二月十九日造"十字。

嘉靖年间（1522—1566），建十王殿。

嘉靖十八年（1539）六月二十五日，日本遣明使策彦周良与遣明正使、两居座、两土官等拜诣补陀寺，于观音像前献香资，并唱观音大士宝号。

嘉靖十八年（1539）七月二十七日，日本遣明副使策彦周良等拜诣补陀寺。

嘉靖十九年（1540）十月二日，日本遣明副使策彦周良等拜诣补陀寺。

嘉靖二十年（1541）一月二十日，日本遣明副使策彦周良与遣明正使和尚同诣补陀寺。

嘉靖二十七年（1548）六月十八日，日本遣明正使策彦周良等拜诣补陀寺并用斋，携副使等轿马出迎三府（通判），送银五两、扇一柄与寺僧。

泰昌元年（1620），补陀寺铁磬题字，其文曰"泰昌元年仲冬"。

清　朝

顺治年间（1644—1661），住持拳石行沃重修佛殿、方丈、山门、钟楼。

康熙二十一年（1682），住持自天超育建大悲殿及廊庑诸室。同年，超育建云来菴于一都地，为本寺塔院。

咸丰八年（1858），七塔寺隆重举行建寺一千周年大型庆祝活动。

咸丰十一年（1861），七塔寺遭洪杨之役，沦为废墟。

同治九年（1870）七月十五日，道阶法师出生。

同治十年（1871），江东周文学母子发心募资重修圆通宝殿及山门。

同治十二年（1873），七塔寺铁香炉题字，其文曰"清同治十二年癸酉仲秋造"。

光绪七年（1881），光绪初年所创的、位于七塔寺内的仁济堂禀县立案，月给嫠妇每人一元，额定五十名，其产业有南田塘田六百亩。

光绪十六年（1890），江东耆老公请慈运长老为七塔寺主席。

光绪十七年（1891），慈运长老重修圆通宝殿，并将圆通宝殿改称大雄宝殿，重建三圣殿，募造法堂。

光绪二十年（1894），举行西方三圣像及千手观音圣像开光盛典，并开始在大雄宝殿墙壁镶嵌砖刻五百罗汉。

光绪二十一年（1895），慈运长老进京颁请《大清龙藏》一套，并获赐"七塔报恩禅寺"寺额。

光绪二十一年（1895），道阶法师在七塔寺讲《成唯识论》。

光绪二十二年（1896），慈运禅师七十寿辰之际，开三坛大戒，同年，砖刻五百罗汉在大雄宝殿墙壁镶嵌竣工。

光绪二十三年（1897），慈老建藏经阁，第一次重修开山祖师心镜祖塔。

光绪二十四年（1898），虚云法师应慈运长老和住持本来和尚之邀来七塔寺协助默庵长老宣讲《法华经》。

光绪二十八年（1902），七塔寺住持慈运长老劝众捐资，购买民田三十九亩。

光绪三十二年（1906）六月，圆瑛法师接慈老法印，成为临济宗第四十世传人。

光绪三十二年（1906），慈运长老八十寿辰之际，慈老第二次全面维修祖师舍利塔，补全损毁的塔基塔刹，并传授三坛大戒。

光绪三十四年（1908）夏，慈运长老邀请谛闲法师来七塔寺讲《四教仪集注》，太虚大师来寺听经。

光绪三十四年（1908），圆瑛法师被宁波官府拘禁，八指头陀与太虚大师在七塔寺因此激辩。

宣统二年（1910）三月，圆瑛法师于七塔禅寺讲《金刚经》。

宣统二年（1910）八月二十九日，慈运长老于七塔寺圆寂，塔葬天童寺玲珑岩下。

宣统二年（1910），道阶法师接慈运长老法印。

中华民国

1911年，七塔寺宝鼎题字，其文曰"民国元年壬子冬，镇海信士阮士龙、男文忠敬助，住持岐昌率监院常西督造，僧晋同募"。

1913年，道阶法师在七塔寺讲《楞严经》。

1916年，七塔寺举办楞严法会。

1919年9月13日，岐昌法师圆寂，圆瑛法师撰《岐昌退居之祭文》。

1919年，住持智圆宏一在法堂东首辟建纪念堂，取名"慈荫堂"，纪念慈运长老，并供奉善照居士雇工匠所刻的沉香木慈祖像。

1919年，于慈荫堂上建"玉佛阁"，内供玉佛。

1920年10月，圆瑛法师在七塔禅寺讲《无量寿经》。

1921年，道阶法师在七塔寺讲《梵网经》。

1922年11月9日，《江东七塔报恩禅寺公议条规》勒石刊布，碑现存七塔寺。

1923年，七塔寺、天童寺、阿育王寺、观宗寺僧团应旅日侨团之邀，赴日本东京参加日本关东大地震中受难华侨超度法会，溥常法师任团长。

1924年，溥常法师应日本横滨中华会馆孔云生之请，率法侣三十余人再渡日本弘法。

1925年秋，弘一法师因战事滞留宁波，挂单七塔寺，夏丏尊居士来访。

1926年11月10日，慈运祖师冥寿百龄之际，举行大型追思缅怀活动，观宗寺谛闲长老应请主持，并为"慈运慧祖百岁纪念摄影"作《赞》。

1928年9月1日，溥常法师创办七塔报恩佛学院，院址设藏经楼；编辑《七塔报恩佛学院院刊》，太虚大师为之题名。

1929年4月，圆瑛法师当选为七塔寺住持。

1929年，西北四省遭遇严重旱灾，七塔寺常住捐助陕甘洋二百七十元，圆瑛师捐洋廿四元，指南、常西师各捐洋五元，本舟师捐洋四元，溥常师捐洋三元，勋明师捐洋二元。

1929年，溥常法师讲解《华严经·首贤品》。

1930年10月12—18日，溥常法师写作《华严纲要浅说》。

1930年，本舟法师住持七塔寺。

1931年，溥常法师《华严纲要浅说》由上海佛学书局正式出版发行。

1931年，于鄞县五乡同岙庾山岭建普同塔。

1932年，宁波防守区成立，暂借七塔寺内办公。

1933年10月25日，太虚大师撰《宁波七塔寺岐昌老和尚八十冥寿启》。

1934年5月21日，铃木大拙、藤井静宣、中村戒仙和斋藤贞一等参访七塔寺，并在大雄宝殿前留影。

1934年冬，传三坛大戒，溥常法师任得戒和尚，智圆老和尚任羯磨阿阇梨，圆瑛法师任教授阿阇梨，一千六七百人与会，六百余人得戒。

1934年11月12日，公布实行《报恩堂法规》。

1934年，山门前刻有"崇寿寺"的石桥被毁，河道被填。

1934年，七塔报恩佛学院正式授课。

1935年春，圆瑛法师作《报恩堂宗谱序》。

1935年2月19日，报恩佛学院举行开学典礼，溥常法师讲话。

1935年12月15日，住持溥常法师发起禅七活动，其间圆瑛法师为常住开示法要，并于七日后主持起七仪式。

1935年，圆瑛法师撰《七塔寺普同塔记》，住持溥常长老立石。

1935年，太虚大师来七塔寺考察，为七塔寺华严阁题写匾额，并应邀为七塔报恩佛学院学僧作"怎样发心报恩"的演讲。

1936年7月18日，圆瑛法师应邀来七塔寺讲《金刚经》。

1936年秋，圆瑛法师为《七塔报恩佛学院院刊》题词。

1936年秋，《七塔报恩寺宗谱》刊行。

1936年，溥常法师于三圣殿后法堂内设中兴祖堂，将慈祖雕像移至寺院中轴线位置，与位于方丈殿正中的心镜祖师舍利塔相齐。

1936年，《七塔报恩佛学院院刊》出版，太虚大师题写刊名，智圆法师题词。

1937年1月27日，指南和尚正式接溥常法师任七塔寺住持，由圆瑛法师领入三门。

1937年，《七塔寺志》八卷铅印出版，太虚大师、溥常法师、叶恭绰分别作序。

1938年，受日本侵华战争影响，七塔报恩佛学院停办。

1939年，桂仑法师挂单七塔寺数天。

1942年，桂仑禅师参访并随缘驻锡七塔寺。

中华人民共和国

1949年，七塔寺僧人发起成立"宁波七塔染织厂股份有限公司"，经营棉织品制造及染练。

1950年10月，圆瑛法师、赵朴初居士等为维护四明名刹天童寺、阿育王寺、七塔禅寺启建法会筹道粮启。

1951年冬，显宗法师被选为七塔寺住持。

1952年，来果禅师挂单七塔寺，桂仑禅师得来果禅师印证"深入堂奥"。

1958年，宁波市僧尼参加劳动，部分集中于七塔寺，主要殿堂被土产公司占用为仓库，西厢房被国营万信纱厂占用为作业车间，东厢房留给佛教协会办厂。

1959年，七塔寺道场废止，嘉善法师任末任住持。

1960年，月西法师离延庆寺至七塔寺，任四明纸盒厂厂长，主抓生产工作。

1968年5月25日，七塔寺将九百八十七尊佛像、罗汉像交付宁波市文物管理委员会。

1980年8月4日，茗山法师特来七塔寺拜访桂仑禅师。

1980年10月底，收回"文化大革命"期间被占用的大殿（圆通宝殿）。

1980年，七塔禅寺重新对外开放。

1981年2月10日，七塔寺被列为市级重点文物保护单位。

1982年12月，圆通宝殿四十八臂观音像装金竣工。

1983年3月，收回"文化大革命"期间被占用的天王殿。

1983年，七塔寺被列为全国首批重点开放寺院之一、全国汉族地区佛教重点寺院。

1984年8月18日，月西法师升座，荣膺七塔寺方丈。

1987年10月14日，赵朴初参访七塔寺，在月西法师陪同下参拜桂仑禅师，并作《一九八七年在宁波七塔寺所作》盛赞桂老。

1987年10月22日，月西法师热情接待美国纽约佛教总会敏智老法师一行来访。

1987年，住持月西法师拜会十世班禅额尔德尼大师。

1989年10月20日，赵朴初与桂仑禅师在岱山重逢，朴老作《一九八九年十月二十日访岱山蓬莱仙岛慈云庵有作》。

1989年，月西法师赴杭州会见台湾佛光山宗长星云大师，并陪同星云大师游览西湖。

1989年，郑全华（可祥法师）初到七塔禅寺。

1990年，可祥法师于七塔寺礼月西法师为依止师，正式成为其入室弟子。

1993年2月28日，住持月西法师圆寂，终年七十九岁，戒腊六十夏。

1993年3月7日，月西法师遗体告别仪式在宁波殡仪馆举行，仪式结束后在七塔寺方丈殿举行示寂回向法会。

1994年8月23日，可祥法师于上海圆明讲堂接明旸法师心法，为临济宗第四十二代传人。

1997年4月23日，宁波市万信纱厂与七塔寺签订协议，同意归还"文化大革命"期间所占的部分房屋及空地。

1998年1月1日，北京著名书法家康墨如来访。

1998年，赵朴初应请为桂仑禅师舍利塔题写塔名及"桂仑禅师纪念堂"横幅。

1999年2月6日，《七塔寺摄影画册》正式出版。

1999年7月2日，著名禅僧桂仑大师安详示寂，世寿九十二岁。

1999年10月14日，新加坡佛教总会主席隆根长老来访。

2000年2月，七塔禅寺网页建成，利用互联网传播佛教文化。

2000年11月11日，台湾慧岳长老一行来寺参访。

2000年12月10日，举办七塔寺修复开放二十周年庆典暨圆通宝殿观音圣像开光法会，海内外贵宾及佛教四众弟子数千人与会，为七塔寺近五十年来最隆重的活动。

2000年12月12—18日，可祥法师作为浙江省佛教协会赴日考察团秘书长赴日考察。

2000年，翻修三圣殿东厢房。

2001年6月14—19日，可祥法师、宁波市民宗局副局长陈仁芳等一行四人，到台湾、香港进行为期六天的佛事访问交流活动。

2001年10月27日，新加坡佛教总会主席隆根长老、自度庵住持贤祥法师一行来寺参访。

2002年4月8—10日，重庆慈云寺惟贤长老应邀来寺为四众弟子开示，二百人到会听法。

2002年4月25日，台湾净觉山光德寺净心长老回祖庭七塔寺寻根礼祖。

2002年6月29日，北京大学季羡林教授为《七塔禅寺五百罗汉图》题词。

2002年12月18日，中国佛教协会副会长、少林寺永信法师率河南省佛教考察团来寺考察访问。

2003年1月9日，中国佛教协会会长一诚长老来寺访问。

2003年2月1日，举行《七塔禅寺五百罗汉图》大型画册首发仪式。

2003年3月24日，举行月西法师圆寂十周年纪念法会，《月西大和尚圆寂十周年纪念集》正式发行。

2003年3月25日，隆重举行可祥方丈升座法会，圣辉法师为可祥法师送座。

2003年6月7日，三圣殿维修工程正式全面启动。

2003年9月20日，钟楼维修工程正式全面启动。

2003年11月1—5日，可祥法师等五人应韩国佛教临济禅学院住持摩定长老之邀请，赴汉城参加该院举行的"中国临济宗七塔寺法派宗丈推戴式暨金刚菩萨大戒法会"。

2003年11月初，新建鼓楼整体框架工程完竣，改变了寺院东有钟楼、西无鼓楼的状态。

2004年2月中旬，在鄞州五乡镇同岙村庚山岭发现七塔寺塔院遗址，引起社会各界轰动。

2004年4月1日，著名佛学家赖永海教授等人来寺访问。

2004年5月26日，传印长老撰《宁波七塔报恩禅寺新建鼓楼落成记》碑文。

2004年6月，民国版《七塔寺志》翻印，由中华佛教出版社发行。

2004年6月25日，《人民日报》华东版及人民网刊登专题文章《甬江映七塔》。

2004年8月8日，新鼓楼底层观音殿中所供桧木雕刻十一面观音菩萨圣像入位安座。

2004年8月19日，新山门牌楼圆满落成。

2004年10月15日，《浙江侨声报》辟专版刊登"中国临济宗近代中兴祖庭"专题文章《全国重点开放寺院千年古刹宁波七塔禅寺》《又见七塔新胜景》。

2004年10月18日，七塔寺法派弟子、韩国汉城（今首尔）临济禅学院住持摩定长老一行十五人，来七塔寺寻根礼祖、参访交流。

2004年11月8日，著名佛学家楼宇烈教授、黄夏年研究员等来寺参访。

2004年11月17日，香港宝林禅寺住持圣一长老来寺参访。

2004年11月20—23日，美国洛杉矶法印寺住持印海长老来寺访问交流。

2004年11月22日，台湾慧岳长老来寺访问考察。

2004年12月28—30日，古建筑专家罗哲文、郑孝燮、马瑞田来寺考察，并受聘为七塔寺古建筑保护与修建工程高级顾问。

2005年3月1日，河南开封大相国寺心广大和尚、洛阳白马寺印乐大和尚来寺参访。

2005年7月9日，《人民政协报》在A3版整版刊登《创佛教典范　奏和谐乐章——记宁波七塔禅寺方丈可祥大和尚》。

2005年9月29日，中国佛教协会谘议委员会副主席、重庆市佛教协会会长、慈云寺方丈惟贤长老应邀在七塔寺说法开示。

2005年10月21日，著名佛教学者济群法师来寺参访交流。

2005年11月，《报恩》杂志创刊号出版问世。

2005年11月27日，隆重举行十一面观音菩萨圣像开光法会，普陀山戒忍法师等主持了开光法会，三千人参加了此次盛典。同日，隆重举办连登居士书画义展。

2005年11月，著名书法家沈定庵居士书写《心镜大师碑》。

2005年，修三圣殿、钟楼。

2006年2月16日，可祥法师接待韩国佛教曹溪宗第十八教区母岳山佛甲寺住持满堂法师一行。

2006年2月底，圆通宝殿东厢房落架大修工程完工。

2006年4月3日，钟楼重塑地藏菩萨立像安座。

2006年4月14日，台湾佛光山开山宗长星云大师率团来寺参访，千余名信众聆听大师开示。

2006年4月16日，河北赵县柏林寺方丈明海法师和楼宇烈教授、杨曾文教授、黄夏年研究员等来寺访问。

2006年4月17日，可祥法师代表市佛协接待中国佛教协会副会长、北京雍和宫住持嘉木扬·图布丹格西活佛一行。

2006年4月20日，新加坡福海禅寺住持明义法师、广化寺住持学航法师来访。

2006年5月17日，日本雪舟第十七世弟子七类堂墨吞一行八人来寺参访。

2006年6月27日，美国哥伦比亚大学、天主教大学、布拉德利大学、亚利桑那大学及日本东京大学等知名大学的十六位佛教学者教授来寺参访。

2006年7月底,天王殿维修工程完工。

2006年8月2日,与宁波市国土局、江东区拆迁办相关负责人正式签署寺院西边落实的土地3354.7平方米移交手续。

2006年8月,新建天王殿东西厢房启用。

2006年9月7日—10月5日,可祥法师应邀赴奉化雪窦资圣禅寺为"传授三坛具足大戒法会"担任尊证阿阇梨。

2006年,修缮圆通宝殿、方丈室及天王殿两侧东西厢房。

2006年,复旦大学宗教研究所王雷泉教授来访。

2007年2月6—13日,可祥法师随团出访印度,出席玄奘法师纪念堂落成典礼。

2007年3月11日,可祥法师赴香港观宗寺拜会觉光长老。

2007年4月5日,格鲁吉亚驻华大使米哈伊尔·乌克列巴、参赞约瑟布·阿巴什泽和立陶宛驻华大使罗卡斯·贝尔诺塔斯及夫人一行莅寺访问。

2007年5月26—27日,北京大学宗教研究所所长楼宇烈教授作"佛法与人生"专题讲座,近五百人听讲。

2007年6月28日,可祥法师在香港观宗寺接天台宗第四十七传人觉光法师衣钵法卷。

2007年8月，修缮法堂暨藏经楼、慈荫堂暨玉佛阁。

2007年9月30日，三圣殿明堂移植进两棵百年大香樟树。

2007年10月12—21日，可祥法师率团赴日本考察佛教建筑。

2007年12月5日，隆重举行纪念桂仑禅师诞辰一百周年传供大法会，三百多人参会。

2008年3月，修缮库房和三圣殿东厢房。

2008年4月7日，《香港佛教》杂志主编秦孟潇先生来访。

2008年6月26日，楼宇烈教授、杨曾文教授一行参访七塔寺。

2008年7月4日，著名国画家吴山明来寺参访，留赠书法作品。

2008年7月10日，可祥法师赴京拜访中国佛教文化研究所杨曾文所长。

2008年9月15日，三圣殿东边厢房和库房维修工程竣工。

2008年10月19日，隆重举行建寺一千一百五十周年庆典暨禅学堂、图书馆、报恩大讲堂奠基仪式。同日，隆重举行

"报恩文化论坛——都市寺院与和谐社会"研讨会暨《七塔寺人物志》和《七塔禅寺珍藏书画集》首发式。

2008年11月5日,中国佛教协会会长一诚长老莅寺视察。

2008年11月22日,日本曹洞宗大本山永平寺代表团一行访问七塔寺。

2008年11月24日,日本曹洞宗宝庆寺和龙洞院一行访问七塔寺。

2009年2月8日,中共浙江省委常委、宁波市委书记巴音朝鲁莅寺视察。

2009年3月4日,七塔寺报恩书店正式开业,该书店是浙江省内首家佛教书店。

2009年4月13日,印度孟加拉邦佛教协会菩提帕拉长老一行来寺参访。

2009年4月19—29日,住持可祥法师和监院界义法师随省佛协考察团赴北欧四国考察。

2009年6月9日,浙江省副省长龚正莅寺参访。

2009年8月10日,全国人大财经委员会副主任尹中卿莅寺参访。

2009年9月19日，国家文物局原局长、故宫博物院原院长吕正济一行莅寺访问。

2009年10月22日，日本临济宗东福寺代表团一行参访七塔寺。

2009年10月26日—11月1日，住持可祥法师、监院定昌法师赴澳大利亚、新西兰参观交流。

2009年10月30日，临济宗七塔法派弟子、台湾"中国佛教会"理事长净良长老朝礼七塔祖庭。

2009年12月6日，监院界义法师、《报恩》主编贾汝臻居士出席马来西亚槟城极乐寺佛像开光法会。

2010年2月12日，可祥法师接受凤凰华人佛教网采访。

2010年2月17日，监院定昌法师往生。

2010年3月21日，可祥法师赴京拜望一诚老和尚和传印老和尚。

2010年4月24日，《无言潮音——桂仑禅师纪念集》由西泠印社出版社出版首发。

2010年4月24—25日，承办第五届世界禅茶文化交流会"海上禅·茶·乐"文化活动。

2010年4月26日—5月2日,七塔禅寺组团赴日本京都、奈良考察佛教古建筑。

2010年5月12日,"西扩工程"初步设计审查会议在七塔寺玉佛阁讲堂召开。

2010年5月12日,重塑慈运老和尚像入座慈荫堂。

2010年5月24日,中共浙江省委统战部部长汤黎路在省民宗委主任王毅、宁波市委统战部部长郁伟年陪同下莅寺视察。

2010年6月20日,举行"七塔报恩丛书"系列《四明古刹》画册首发仪式。

2010年7月,翻建厨房工程正式启动。

2010年7月17日,国家宗教局副局长齐晓飞在省民宗委主任王毅等领导陪同下莅寺视察。

2010年8月11日,中国佛教协会会长传印长老一行莅寺参访。

2010年9月6日,台湾灵鹫山佛教教团住持、世界宗教博物馆创办人心道法师一行百余人来寺参访。

2010年11月23日,日本曹洞宗中央寺住持南泽道人一行来访。

2010年12月9日，宁波市规划局受理"西扩工程"建设工程规划许可证的申办。

2010年12月21日，三圣殿西方三圣像装金工程完竣。

2010年12月27日，宁波市规划局正式颁发"西扩建工程"建设工程规划许可证。

2010年12月，翻建厨房工程竣工。

2011年1月19日，储吉旺居士赞助的"七塔禅寺正法久住梵幢普门柱"吊装成功。

2011年1月19—25日，七塔寺组团赴台湾灵鹫山、法鼓山等佛教道场考察。

2011年1月21日，获省政府正式批准为省级文物保护单位，25日的《宁波日报》等新闻媒体对此作了报道。

2011年3月6日，日本天台宗宗务总长、东京都圆融寺住持阿纯孝，以及参务阿部昌宏、斋藤圆真等六人来寺参访。

2011年4月10日，中共浙江省委统战部部长汤黎路莅寺调研。

2011年5月11日，日本奈良市药师寺住持松久保秀胤长老一行来访。

2011年5月17日，台湾灵鹫山无生道场心道法师率众来寺参访。

2011年5月31日，西扩工程——栖心图书馆、禅学堂、报恩大讲堂等建筑正式开工建设。

2011年10月30日，日本曹洞宗驹泽大学总长田中良昭一行来寺参访。

2011年10月31日，日本曹洞宗驹泽大学前总长大谷哲夫教授一行二十余人来寺参访。

2011年10月，《七塔报恩规约》定稿刊行。

2011年12月，《七塔报恩文化论坛——都市寺院与和谐社会研讨会论文集》由西泠印社出版社出版。

2012年3月27日—4月1日，七塔寺组团赴日本奈良、京都、东京和长野等地考察高校及佛教场所。

2012年5月5日，住持可祥法师、监院界义法师应邀出席荷兰格罗宁根禅川寺举行的禅堂落成暨文殊菩萨像开光法会，并主持相关法务活动。

2012年5月9—10日，七塔禅寺承办第六届中国宁波国际茶文化节"海上禅·茶·乐"活动。

2012年5月11日，中国非物质文化遗产保护中心主任、全国政协委员田青等莅寺调研。

2012年6月16日，宁波市市长刘奇莅寺调研。

2012年6月18日，全国政协民族和宗教委员会一行莅寺考察。

2012年7月2日，日本永平寺副监院佐藤好春一行来寺参访。

2012年8月18日，宁波市市长刘奇、副市长王仁洲莅寺调研。

2012年10月23日，台湾"中国佛教会"理事长圆宗长老一行来寺参访。

2012年11月6日，日本驹泽大学前总长大谷哲夫教授一行来寺参访。

2012年11月26日，日本曹洞宗大本山永平寺副监院丸子孝法率参拜团一行三十九人来寺参访。

2012年12月24日，西扩工程——报恩大讲堂、禅学堂、栖心图书馆等主体工程结顶。

2013年3月14日，陈家墙门修缮工作动工。

2013年4月7日,著名佛教学者、中国人民大学教授方立天在玉佛阁举行"谈'空'说'有'话佛理"专题讲座。

2013年10月27日,中国社会科学院世界宗教研究所所长卓新平一行来寺调研。

2014年2月14日,竺韵德向七塔禅寺捐赠寿山石十八罗汉像一堂。

2014年4月21日,台湾"中国佛教会"副理事长明光法师率团来寺参访。

2014年4月26日,中国人民大学张风雷教授在玉佛阁举办专题佛学讲座,二百余人听讲。

2014年4月27日,张风雷教授率中国人民大学2012年级宗教学硕士研究生班一行来寺调研。

2014年8月22日,监院界义法师率基建修缮组赴香港志莲净苑、香港大学等参观考察园林古建。

2014年10月28日,日本"日中禅文化交流协会"会长大谷哲夫一行来寺参访。

2014年11月16日,香港觉光长老圆寂,可祥法师赴香港参加祭奠追思法会,并亲撰挽联。

2014年11月27日,"西扩工程"通过规划部门竣工验收。

2014年12月22日,"西扩工程"通过交警部门竣工验收。

2014年12月23日,"西扩工程"通过环保部门竣工验收。

2015年3月9日,"西扩工程"室内装修正式启动。

2015年3月28日,中国社会科学院世界宗教研究所所长卓新平、世界宗教研究所党委书记曹中建、中国社会科学院学部委员魏道儒、世界宗教研究所佛教室主任纪华传等来寺参观考察。

2015年7月,拆除招待所危房并翻建云来居工程正式全面启动。

2015年9月18日,中共浙江省委副书记、省政法委书记王辉忠一行莅寺调研。

2015年9月20日,日本曹洞宗永平寺监院佐藤好春长老率团来寺参访。

2015年10月4日,可祥法师应邀参加香港香海正觉莲社成立七十周年庆祝活动。

2015年10月10日,可祥法师赴宁波新芝宾馆拜望台湾佛光山星云大师。

2015年10月10日，东南大学佛教文化研究所所长、金陵图书馆馆长、博士生导师董群教授来寺参访。

2015年10月11日，中国社会科学院研究员黄夏年等专家学者来访。

2015年10月26日，台湾灵鹫山朝圣团一行来寺参访。

2015年11月8日，台湾光德寺住持净心长老率众弟子来寺寻根礼祖。

2015年12月14日，隆重举行纪念月西长老诞辰一百周年大型上供法会。

2015年12月24日，举行月西法师与当代宁波佛教学术座谈会，纪念月西法师诞辰一百周年。

2015年12月30日，"西扩工程"——禅学堂、报恩大讲堂、栖心图书馆、西僧寮、忏堂等装修基本竣工。

2016年5月，翻修北面围墙工程正式启动。

2016年5月15日，岭南著名诗人、书画家连登居士来访。

2016年5月25—31日，隆重举行庆祝"西扩工程"——禅学堂、报恩大讲堂、栖心图书馆竣工法华法会。

2016年6月20日，南京建初寺住持大初法师来寺考察传戒筹备工作。

2016年6月25日，香港观宗寺住持宏明法师率团来寺参访。

2016年7月26日，中国人民大学佛教与宗教学理论研究所研究员宣方教授作"金刚经的心性智慧"专题讲座。

2016年8月10日，中共浙江省委常委、统战部部长王永康等在宁波市委常委、组织部部长、统战部部长杨立平等陪同下莅寺调研。

2016年10月5—6日，可祥法师应邀出席香港观宗寺开山八十周年庆祝活动，并在首届天台宗"教观总持"修学论坛上发表《神照本如生平及其思想》学术论文。

2016年10月13日，中韩日三国佛教友好交流会议宁波大会中韩代表团莅寺参访。

2016年10月20日—11月18日，传授护国兴圣三坛大戒。

2016年10月28日，三坛大戒法会期间光泉法师作"不忘初心"的佛学讲座。

2016年11月1日，三坛大戒法会期间智宗法师作"佛教与中国文化""皈依的次第与真实意义"的佛学讲座。

2016年11月4日，三坛大戒法会期间达照法师作"制戒缘起十义门"的佛学讲座。

2016年11月13日、17日，三坛大戒法会期间可祥法师作"浅谈戒学及其精神""解读《心经》真义"的佛学讲座。

2016年11月14日，三坛大戒法会期间静贤法师作"僧侣律制生活之正行——戒律清规之精神发凡""佛·佛教·中国佛教"的佛学讲座。

2016年11月15日，三坛大戒法会期间大初律师作"受戒真义"的佛学讲座。

2016年11月21日，韩国临济宗七塔寺法派弟子摩定法师一行参访七塔祖庭。

2016年11月26日，日本早稻田大学教授大久保良峻等佛教学者参访七塔寺。同日，越南佛教教会代表团来寺参访。

2017年2月14日，宁波市人大常委会主任王勇莅寺考察。

2017年3月4日，台湾新北市佛教参访团来寺参访。

2017年3月31日，栖心图书馆试运行。

2017年4年4日，台湾苗栗圆明禅院住持传放法师一行八十人来寺参访。

2017年4月23日，第22个"世界读书日"，栖心图书馆举行隆重开馆仪式，著名书法家沈定庵、著名书画家连登等出席。

2017年5月20日，云南省南传佛教代表参访团来寺参访。

2017年7月6—7日，可祥法师出席浙江省第十二届人民代表大会第六次会议。

2017年7月14日，董群教授、法净法师和静闲法师分别担任栖心图书馆名誉馆长、馆长和副馆长。

2017年8月19—20日，七塔寺举行首届天台佛教学术研讨会，海内外二十余家学术研究机构的近四十位知名学者与会。

2017年11月17日，七塔常住部分法师参加迎接觉光长老舍利活动。

2017年11月18日，可祥法师应邀出席觉光长老灵骨舍利安奉法会及国清讲寺建寺一千四百二十周年系列活动。

2017年11月19—21日，可祥法师应邀出席湖州圣寿禅寺传授三坛大戒法会，并担任尊证阿阇梨。

2017年12月14日，香港佛教联合会执行副会长宏明法师率团参访七塔寺，应七塔常住及栖心图书馆邀请作《因果·慈悲・智慧》的开示。

2017年12月24—26日，可祥法师应邀出席天童禅寺传授三坛大戒法会，并担任尊证阿阇梨，其间为三百多位新戒比丘作戒律学讲座。

2017年12月30日，七塔寺山门前"七佛塔"安装竣工。

2018年1月18—24日，重开禅学堂，举行丁酉冬季"禅七"活动。

2018年2月9日，日本东北福祉大学校长大谷哲夫一行来寺参访。

2018年3月10日，隆重举行三圣殿暨法堂保护性维修洒净法会，两座殿堂修缮工作随即启动。

2018年3月12日，允健先生、包佩君女士向栖心图书馆捐赠《天一阁藏历代方志汇刊》（八百五十册）一套。

2018年4月19日，台湾桃园龙潭佛照净寺广慈长老一行来寺参访。

2018年4月22日，著名音乐指挥家王进来寺参访。

2018年6月13日，浙江省委统战部副部长、省民宗委主任楼炳文一行莅寺调研。

2018年7月30日，隆重举行传授三皈依法会，十方善信一百余人参加。

2018年8月8日，景观照明工程正式开工建设。

2018年9月1日，《首届天台佛教学术研讨会——唐宋天台佛教论文集》由上海书店出版社出版发行。

2018年9月11日，浙江省民宗委正式批复宁波市民宗局同意设立"浙东佛教文化研究院"。

2018年9月17日，德国慕尼黑大学梅塔教授来寺参访，复旦大学刘震教授陪同参访。

2018年10月25日，竺韵德先生及其夫人向栖心图书馆捐赠日本延宝七年（1679）刻《大般若波罗蜜多经》一套。

2018年11月10—11日，举行第二届天台佛教学术研讨会，海内外二十余家学术研究机构近五十位专家学者与会。在学术会议开幕式期间，举行了"浙东佛教文化研究院"揭牌仪式。

2018年12月15日，隆重举行圆瑛法师诞辰一百四十周年纪念法会。

2018年12月16日，举办七塔禅寺建寺一千一百六十周年诗联吟诵会，三十余位专家学者与会。

2019年1月7—13日，举行戊戌年冬季"禅七"活动，僧俗近百人在禅学堂共修。

2019年2月24日，隆重举行《七塔寺史话》首发式，甬城文化界代表七十人参加。

2019年3月13日，浙江省政协副主席陈铁雄一行莅寺调研。

2019年3月21日，隆重举行三圣殿、法堂暨藏经楼修缮工程竣工仪式，各级领导、大德高僧、常住僧众、檀越护法、义工等三百多人出席。

2019年4月16—23日，七塔禅寺代表团在柬埔寨、越南参观学习，与两国佛教界进行友好交流。

2019年4月17日，全国政协委员、民族和宗教委员会副主任罗黎明、成都文殊院宗性大和尚等一行莅寺调研宗教活动场所管理工作。

2019年5月1日，著名篆刻艺术家韩天衡来寺参访，宁波茶文化促进会创会会长徐杏先、宁波市书法协会主席蔡毅陪同。

2019年6月2日，美国国际佛教会副理事长禅宇法师来寺参访。

2019年6月8日，土库曼斯坦共和国驻华大使巴拉哈特·杜尔德耶夫一行来寺参访。

2019年7月3日，"曲径通幽：中国汉传佛寺建筑空间展——七塔禅寺主展"在西班牙马德里建筑师官方协会隆重开幕，可祥法师、界义法师和定光法师出席。

2019年7月10日，日本永平寺监院小林昌道率众执事来寺参访。

2019年7月11日，栖心图书馆新进大型古籍丛书"域外汉籍珍本文库"。

2019年7月19日，栖心图书馆新入藏大型史料文献"民国丛书"。

2019年8月2日，著名书法家尉天池来寺参访。

2019年9月，浙东佛教文化研究院2019级佛学高等研修班正式开班。

2019年9月12日，日本曹洞宗大本山永平寺原田光则长老来寺参访。

2019年9月15日，《天台佛学研究 第二辑 四明知礼纪念专辑》由宗教文化出版社出版发行。

2019年10月24日,"七塔禅寺正法久住梵幢普门柱"柱顶莲花吊装工作顺利完成,特邀储吉旺先生、朱爱芬女士伉俪到场观看。

2019年11月9—10日,举行第三届天台佛教学术研讨会,海内外二十余家学术研究机构三十余位专家学者与会。在开幕式上,举行浙东佛教文化研究院佛教中国化研究中心揭牌仪式。

2019年11月20日,"曲径通幽:中国汉传佛寺建筑空间展——七塔禅寺主展"在西班牙巴斯克大学展出。

2019年11月27日,香港著名企业家曹其镛一行来寺参访。

2019年11月28日,日本曹洞宗长野县日中友好协会会长村上静雪、理事长原田光则一行来寺参访。

2020年3月23日,宁波市政协党组书记徐宇宁莅寺指导优秀传统文化建设工作。

2020年6月2日,浙江省民宗委主任楼炳文一行莅寺检查指导场所开放和消防安全工作。

2020年8月4日,中国传统工艺美术大师曹安祥向七塔寺捐赠紫砂五供。

2020年8月9日，隆重举行《千载传灯——七塔禅寺建寺一千一百五十周年纪念集》内部发行首发式，宁波文化界代表七十人参加。

2020年9月7日，界义法师等七塔常住法师发现一木箱，上款刻"光绪二十三年岁次丁酉仲夏中浣置"，箱面刻"契券永藏"，下款刻"七塔崇寿报恩禅寺住持慈运立"，此箱应用以珍藏地契、房产契证等物。

2020年9月17日，浙江省公安厅厅长、党委书记王双全莅寺视察消防安全工作。

2020年11月14—15日，举行第四届天台佛教学术研讨会"孤山智圆与宋代天台佛教"，海内外二十余家学术研究机构三十余位专家学者与会。

2020年12月1日，国家宗教事务局局长王作安莅寺调研"坚持佛教中国化方向"工作。

2020年12月27日，举行"纪念恢复对外开放四十周年诗词楹联吟诵会"，举行《栖心图书馆聚珍辑刊》（第一辑）首发式，甬城文化界代表三十人参加。

2021年2月，"七塔报恩丛书"《天台佛学研究　第三辑慈云遵式纪念专辑》由宗教文化出版社出版。

2021年2月25日,获赐传印老和尚墨宝:"智德圆满""禅学堂""浙东佛教文化研究院"。

2021年4月23日,隆重举行栖心图书馆建馆四周年暨《月西法师研究》《月西法师评传》首发式,甬城文化界代表六十人参加。

2021年6月26日,浙东佛教文化研究院2019级佛学高等研修班五位学员通过论文答辩。

2021年9月11日,浙东佛教文化研究院2021级佛学高等研修班开班,录取正式学员十二人,旁听学员十余人,学员正式开启两年的学习生涯。

2021年10月1日,香港中文大学历史系秦晖教授一行来寺参访考察。

2021年11月13—14日,举行以"大石志磐与宋代天台佛教"为主题的第五届天台佛教学术研讨会,海内外二十余家学术研究机构的五十余位专家学者与会。

2022年4月1日,《韵流三江——纪念七塔禅寺恢复开放四十周年诗联特辑》刊行。

2022年9月19日，《七塔禅寺年鉴》（2021）付梓。

2022年10月26日，七塔禅寺周边"两馆三园"建设项目开工奠基。

2022年11月12—13日，举行以"宗鉴与宋代天台佛教"为主题的第六届天台佛教学术研讨会，海内外二十余家学术研究机构的五十余位专家学者与会。

2023年1月6日，界义法师一行赴敦煌验收本寺三圣殿《观无量寿经变图》纸本画作。

2023年3月29日，宁波中华文化促进会宗教文化研究委员会工作推进会议于七塔寺召开。

2023年4月6日，《七塔禅寺年鉴》（2022）正式付梓。

2023年4月23日，可祥法师主编的《栖心伽蓝史料集》和《天台佛学研究　第五辑　大石志磐纪念专辑》首发式在七塔寺报恩大讲堂举行。

2023年5月16日，中国文化遗产研究院世界遗产中心主任赵云一行考察七塔寺"海丝"遗产点申报工作。

2023年6月3—7日，可祥法师率团赴新加坡福海禅寺、国家图书馆、国家美术馆等地参访交流。

2023年6月23日，浙东佛教文化研究院举行2021级佛学高等研修班毕业论文答辩会。

2023年7月15日，浙东佛教文化研究院举行2021级佛学高等研修班结业典礼。

2023年8月13日，《栖心图书馆聚珍辑刊》（第二辑）首发式暨浙东近现代佛教组织与佛教中国化、当代化座谈会于七塔寺召开。

2023年8月27日，浙东佛教文化研究院第三届（2023级）佛学高等研修班招生工作圆满完成。

2023年9月16日，浙东佛教文化研究院2023级佛学高等研修班开班。

2023年11月11日，美国中华佛教会一行莅寺参访交流。

2023年11月12日，中央统战部副部长、国家宗教局局长陈瑞峰一行莅寺视察调研。

2023年11月15—17日，由中国佛教协会主办的"第三届中美加佛教论坛"在浙江杭州举办，七塔寺积极配合省佛协的工作安排，协助完成各项会务工作，努力保障论坛顺利举办。

2023年11月18—19日，举行以"石芝宗晓与宋代天台佛教"为主题的第七届天台佛教学术研讨会，全国各高校、科研机构的六十余位专家学者和教界法师与会。

2023年11月30日，日本曹洞宗大本山永平寺副监院原田光则长老率团再访七塔禅寺。

2024年2月17日，宁波市委副书记、市长汤飞帆莅临七塔禅寺调研古建筑保护情况和文化建设工作。

2024年3月25日，北京大学哲学系、宗教学系教授王守常一行莅临本寺参访交流。

2024年3月27日，巨幅油画《栖心高僧》创作完成。

2024年4月2日，浙江省委常委、宁波市委书记彭佳学一行考察调研本寺周边"两馆三园"项目及寺院建设情况；宁波市政协主席陈龙一行莅临本寺参访调研。

2024年4月16日，全国政协委员、中国佛教协会副会长扎西坚才带领藏传佛教界代表人士一行莅临本寺参访交流。

2024年4月30日，中国人民大学佛教与宗教学理论研究所教授、博士生导师何建明在本寺作"佛教中国化与人间佛教"讲座。

2024年5月9日，浙江省委常委、统战部部长王文序一行莅临本寺考察调研。

2024年5月16日，宁波市政府新闻办发布"宁波十景十线""明州十景十线"，本寺被评为"明州十景"之一，名为"七塔栖心"。

2024年5月25日，《七塔禅寺年鉴》(2023)正式付梓。

2024年6月17日，全国政协委员、中国人民大学佛教与宗教学理论研究所所长、博士生导师张风雷教授率"研究生论坛"考察团45人莅临本寺调研都市丛林规范化管理和文化建设情况。

2024年7月9—11日，可祥法师率团赴马来西亚极乐寺、侨生博物馆、国家博物馆、国家美术馆等地参访交流。

2024年7月12—16日，可祥法师率团赴新加坡参加福海禅寺开山90周年庆典暨祈福法会，其间赴新加坡佛学院、佛牙寺、毗卢寺等佛教场所和新加坡国家美术馆、新加坡国立大学等文化机构交流学习。

附录二

七塔寺图片史料

1987年,赵朴初视察七塔寺,持念珠者为月西法师

1987年，月西法师和赵朴初

1989年，月西法师陪同首次回大陆探亲的台湾星云大师（右）参观西湖

1987年，月西方丈（左）陪同赵朴初（中）看望桂仑禅师（右）

2005年4月23日，可祥法师与圣严法师合影，贾汝臻 摄

附录二 七塔寺图片史料

2006年4月14日，星云法师莅寺参访，贾汝臻 摄

2008年，惟贤法师在七塔禅寺建寺1150周年纪念会致辞

2008年6月26日，楼宇烈、黄夏年等来访，左起为李四龙、黄夏年、杨曾文、楼宇烈、可祥、张琳、邢东风等

附录二 七塔寺图片史料

2008 年 11 月 5 日,中国佛教协会会长一诚长老视察七塔禅寺并留墨宝

2008年11月22日，日本南泽道人一行来访，
第一排左起为定昌、南泽、可祥、大田大穰、武藤、界义

附录二　七塔寺图片史料

2008年10月18日，韩国摩定法师率团祝贺祖庭——七塔禅寺建寺1150周年

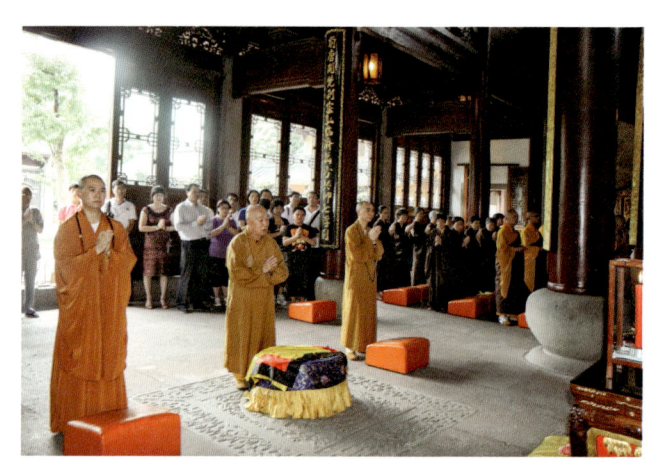

2010年8月11日,中国佛教协会传印会长莅临七塔禅寺视察,左三为天童寺住持诚信

2011年5月17日,台湾灵鹫山佛教心道法师一行参访七塔禅寺

附录二 七塔寺图片史料

2011年10月30日，日本东京驹泽大学总长田中良昭（左三）参访七塔寺，左四为可祥法师，左五为界义法师，左六为胡建明博士，左七为中国人民大学宗教学系张文良教授

2012年11月6日，日本驹泽大学前总长大谷哲夫教授一行参访七塔禅寺

附录二 七塔寺图片史料

2013年4月7日,中国人民大学方立天教授在七塔寺作讲座

2016年10月，第十九次中韩日佛教友好交流会中韩代表团参访七塔禅寺

附录二 七塔寺图片史料

2016年,三坛大戒四位尊证,右起为有圆、界义、界源、照果法师

2016年，三坛大戒引请"十师"

附录二 七塔寺图片史料

2019年7月3日，马德里理工大学荣誉退休教授、西班牙著名建筑师José Lgnacio Linazasoro（左二）参观中国佛寺建筑空间展——七塔禅寺主展，王若凡 摄

2019年7月3日，可祥法师在"中国佛寺建筑空间展——七塔寺主展"开幕式上作主旨演讲，王若凡 摄

附录二 七塔寺图片史料

2021年10月1日,香港中文大学历史系教授秦晖参访七塔禅寺

2024年10月17日,可祥法师在第六届世界佛教论坛期间拜会第十一世班禅额尔德尼·确吉杰布

附录三

七塔寺文物

祖师塔：七塔寺开山祖师心镜藏奂禅师舍利塔，塔高一米二，方形，正面刻"唐敕赐心镜禅师真身舍利塔"十二字，上款刻"大清光绪丙午"，下款刻"住持慈运重修"。塔基上为舍利塔，塔分为塔刹、塔身和塔座三部分，其中塔刹和塔座为慈运长老所建，塔身则为唐时原物，呈复钵连接圆鼓形，刻圆头莲花顶，周身镌刻文字及《佛顶尊胜陀罗尼咒》。心镜禅师圆寂后，荼毗得五彩舍利子三千多粒。咸通十三年（872），心镜禅师的弟子戒休法师奉大师舍利七颗赴京师长安，将大师事迹上奏朝廷。唐懿宗下旨于皇宫内道场供奉大师舍利，并颁旨褒谀藏奂禅师，赐谥号"心镜"，敕于栖心寺建塔供奉其余舍利，赐塔名曰"寿相"。第二年，栖心寺正式为心镜禅师建造了舍利塔和舍利殿。

罗汉砖雕：五百罗汉，即佛经所说的证得"阿罗汉果"的五百位得道高僧，印度佛经有其故事却无具体名号。中国唐代虽然有杨惠之塑的五百罗汉，也有北宋天台山造的五百罗汉，以及陕西富县阁子头寺五百罗汉石刻，但都没有名号。南宋杭州净慈寺塑五百罗汉像，并按照乾明院五百罗汉名号注明。数百年后，湖南衡山祝圣寺按照清代嘉庆三年（1798）常州天宁寺的线刻罗汉像翻刻。慈运法师住持七塔寺后，取得祝圣寺心月上人复刻的旧拓，于光绪二十二年（1896）刻成五百罗汉砖雕。砖宽三十五厘米，高三十厘米，每砖刻两位罗汉及其名号，并附刻出资信士姓名。

龙藏：清代开版大藏经分三种，即百衲藏（又称百衲本）、频伽藏和龙藏，其中，龙藏又名《清藏》。清雍正十一年（1733），北京贤良寺设立藏经馆，广集经本，校勘编稿，雍正十三年（1735）开雕，乾隆三年（1738）竣工。龙藏版式和《永乐北藏》一致，而内容较《永乐北藏》有所增减。初印一百部，颁赐京内外各寺入藏，国内各寺院所藏印本也极多，清末慈禧太后赠予日本之《龙藏》，藏于日本龙谷大学图书馆。1935年，又印过二十二部。

清朝之刻龙藏，除了广种福田，绍隆佛法，还有某种政治目的。明亡以后，有很多知识分子出家为僧，既不做降臣，也不当顺民，他们讲经说法实际上是对清朝统治的一种反抗。雍正就是在这种背景下重刻大藏经的，他自己的《御选语录》《御录宗镜大纲》《御录经海一滴》被收入龙藏殿后，以示全部藏经都归到雍正这个"现在佛"身上来。

自《龙藏》刻出，私版《嘉兴藏》遂无敢再续，有志节的高僧大德的遗著也都不能继续刊版。《龙藏》不是《清藏》之专名，明朝亦称《明藏》为龙藏，清朝沿称《明藏》为《龙藏》。

大钟：天台宗巨匠谛闲在《七塔寺大钟记》中开宗明义讲到佛教法器大钟的由来：

昔罽昵吒国王贪虐无道，造作深殃。后受马鸣大士教化，以闻法力，化重报轻。殁后，生大海中，作千头鱼。海中忽现剑轮，时时回注，截断鱼头。以业力故，截已复生，苦不胜忍，唯闻某寺钟声，轮即暂停，苦亦少息。王致梦白维那，曰："惟愿大德垂怜，矜悯击扬，延之，过七日，已罪报毕矣。"以是因缘，西域诸寺，扣钟震响，遍地咸闻。我国肇于武帝问志公，曰："朕欲息地狱苦，宜以何法？"答曰："冥界惟闻钟声，苦能暂息。"帝遂遍诏天下，凡击钟者，宜舒其声。可知先圣后圣，其揆一也。

七塔寺历史上有过五口大钟。最早的钟是南宋绍兴四年（1134）铸造的，悬于钟楼，重八千斤，周刻楷书大字"皇帝万岁""人民丰乐""国界晏安""文武千秋"。其次是南宋嘉定十一年（1218）铸造，悬于圆通宝殿，重七千斤。钟两边刻楷书"皇帝万岁""国泰民安"八字。明代天顺六年（1462），七塔寺也铸过钟，今已无存。清末洪杨之役，宁波佛教遭到重创，七塔寺仅剩一个大殿。慈运大师住持七塔寺后，一心恢复，想到兴工动土，累及枯骸，并怜远近孤魂，超升乏术，遂欲铸造巨钟，扬声息苦，遂于湖南定做生铁大钟一只，重一万八千余斤，悬挂在钟楼最高层，现已不存。民国十一年（1922），七塔寺再度募资铸铜钟，五年后最终完成。铜钟由上海南市董家渡、浦东沈元吉冶坊铸造，现已无存。

附录四

七塔寺重要文献

一、报恩堂宗谱序

夫拈花一笑,妙契佛心;面壁九年,高提祖印。不立语言文字,教外别传;直接上根利智,当下顿证。由是一花现瑞,五叶流芳。宗风丕振于中华,法乳远注于临济。

而我七塔报恩禅寺,传临济正宗第三十九世,先师慈运老和尚,从光绪十六年入寺中兴,甫拾稔,而丛林之规模全具。传法四十八人,或主持法席,多皆为匠为师;或分化诸方,到处宏宗宏教。

法门既广,须溯流源,宗谱未成,莫知系统。何幸而有溥常法兄,不惜精神,发心登记,编成宗谱,印发执持,俾同系共仰祖庭，常住尽明支派。本寺既定为法门选贤丛林，而宗谱为不可少之事。兹既编成，嘱余为序，只得略序缘起如此。

民国二十四年仲春月报恩退隐圆瑛宏悟谨序。

二、报恩堂法规

第一条　报恩堂上嫡传临济正宗，由天童分派，递传第三十八世云龙堂上，普洽皓祖承上而来。

第二条　凡求法者，师徒授受，以心印心，相敬相爱，尊崇道德节义，始终诚信不二。经云：信为道元功德母，长养一切诸善根。

第三条　凡求法者，既付与法卷，当索取报恩堂法规一卷。俾知法派源流，慎重保留，敬尊祖规。

第四条　凡受法者，当向祖亭登记，于中兴慈祖像前上供，设如意菜，通白大众，丰啬随便，不可缺少。至若办斋几筵，费用太重，发心结缘者，亦不妨随喜。

第五条　或有远方他处授受者，须请代表寄上如意菜、上供等费，及四寸小照片，写明通讯处，请方丈登记，付给报恩堂法规一卷，当保留敬重，以为凭证。

第六条 既得本堂法卷，不敬师尊，再行转拜，本堂法规，擅自收录，紊乱秩序，失信生嫌，授者受者，悉皆开除法籍。

第七条 得法后，有不守清规、违犯国法者，各自承当，与法门无涉。倘受刑事处分，应由法门审查，从严办理。

第八条 凡有侮慢本师及法派尊长等，当报告方丈，召集法门，秉公处理，轻则议罚，重则开除法籍。

第九条 法门一家发生细故误会者，当请公正法长，劝解调停，无伤和气。或有恃强欺压良善者，各法长当合力援助。

第十条 法眷中有被外界欺侮侵害者，审其事实情理，尊崇公正，当为援助而保护之，藉此团结，保障法规。

第十一条 本寺方丈，召集法门公选，凡入门者，均有选举被、选举之权。倘有品行不端者，亦得公议而停止之。

第十二条 凡法门中有随时发生弊端，损坏祖庭名誉，得由方丈召集法门，共同议决而处分之。

第十三条 本法规于民国二十三年古历十月初六日，慈祖诞辰，成立宗谱，全体通过，发生效力。如有未尽事宜，得由法门会议增改之。

以上法规，各宜慎重。

中华民国二十三年国历十一月十二日（古历十月初六日）公布实行。

附录五

相关论文

千载胜缘逢盛世，好将佛事助文治
——评《栖心图书馆聚珍辑刊》(第二辑)

一

1840年以后的中国，遭逢三千年未有之大变局，内忧外患，动荡不安。晚清政府的严格限制，太平天国的严重破坏，西方观念的不断输入，加之自身教理松弛和人才匮乏，使得佛教的发展呈现出衰败的景象。为挽救佛教发展的颓势，佛教界一批有识之士发起了近代佛教复兴运动，提出了"人间佛教"的佛教建设理念。在这一背景之下，各种佛教组织和佛学研究团体大量涌现，代表性的如旨在团结全国僧尼、保护和弘扬佛法的全国性佛教组织"中华佛教总会",各类佛学院在北京、上海、南京、武昌等地先后出现,佛学教育也由僧尼扩展到社会各个阶层;社会慈善救助方面,一些佛教团体创办的学校、医院、孤儿院、养老院等也有相当的发展;《海潮音》《佛学丛报》和《佛教月报》等百余种佛教刊物如雨后春笋般地在全国各地出版,都是这一时期佛教复兴运动的成果。

为了答"中国向何处去"的问题,近代中国经历了人类历史上所有的革命样式,佛教复兴也正是在中西嬗变的历史契机中发生的,因而民国时期的佛教复兴运动绝对不只是佛教自身的改革运动,更是与中国由贫弱走向富强的过程相一致的,是与中国传统文化由困顿走向复兴的过程相一致的。在传统价值观念和文化中心主义幻灭的同时,佛教复兴运动一定程度上召唤出近代的学术精神,反思传统、回应挑战,为中国和中国文化寻找新出路。作为佛教中国化的一个自觉过程,它推动了传统佛教向现代佛教的转化,留下了宝贵的经验和丰富的史料,值得我们认真继承和研究。

葛兆光先生曾经指出,20世纪30年代是中国佛教研究的一个黄金时代。民国佛教复兴运动研究的意义,不仅仅是对于此前佛教史研究的学术推进，更在于其蕴含了学术界和佛教界希望在西潮冲击带来的传统断裂的时代，通过佛教研究而推动社会转型的宏大抱负，构建起学术与宗教、民族与世界、传统与现代之间的连续性。也正因此，民国佛教复兴运动一直是佛教研究的热点。"苟无事迹，虽圣人不能作《春秋》。苟不知其事迹，虽以圣人读《春秋》，不知所以褒贬。"这正说明了言必有据、论从史出的研究原则。民国佛教的研究也是如此，只有在对民国佛教状况有充分了解的基础上，民国佛教史的书写才成为可能，而现存的大量民国佛教文献成为了解那一时期佛教发展状况的最好途径。

文献是佛学研究的基础。陈寅恪先生在所作《敦煌劫余录·序》中提到："一时代之学术，必有其新材料与新问题，取用此材料，研究新问题，则为此时代之新学术。治学之士得预于此潮流者，谓之预流，其未得预者，谓之未入流。此古今学术之通义，非彼闭门造车之徒所能同喻者。"佛教在漫长的传播发展过程中，留下的各种史料之多，甚至发展成为一门专门的学问——佛教史料学。佛教史料学的开创性著作可以追溯到民国时期陈垣先生所著的《中国佛教史籍概论》，该书将六朝以来研究历史所常参考的佛教史籍，按成书年代分类介绍，但研究范围仍局限在佛教界的内部撰述。台湾蓝吉富先生的《佛教史料学》是一部综合讨论佛教文献的著作，是专为佛教研究者所设计的史料学专书，但是对于区域佛教史料文献也依然没有顾及。浙江大学冯国栋先生提出从四个方面对汉文佛教文献学进行探讨，即实体层面、方法层面、历史层面和思想层面，就实体层面而言，佛教文献有翻译、注疏、著作、抄纂和记录等形式。这些佛教文献散落各地，缺乏系统性地归类、汇编，为相关的学术研究带来极大不便。进入21世纪以来，相继出版了黄夏年主编的《民国佛教期刊文献集成·正编》《民国佛教期刊文献集成·补编》《民国佛教期刊文献集成·三编》《稀见民国佛教文献汇编（报纸）》和于瑞华主编的《民国密宗期刊文献集成》等丛书，实现了史料"由散到聚"的转变，丰富、深化了民国佛教的研究工作。

二

秉持"文献典籍是文化之根"的发展理念，2017年，栖心图书馆成立伊始，便成立了浙东地方文献收藏中心、浙东佛教文献收藏中心，一方面倾力收集散落宇内的佛教文献和浙东文献，另一方面甄选稀有的佛教史料结集出版。2020年11月，栖心图书馆顺利出版了《栖心图书馆聚珍辑刊》（第一辑），受到学术界和佛教界的广泛好评。第一辑出版后，收藏中心花费了巨大的人力、财力和物力，继续发掘各地图书馆、档案馆中有关浙东佛教的史料，甄选编成《栖心图书馆聚珍辑刊》（第二辑）。此辑收录与宁波地区相关佛教史料三类，即宁波宗教团体类、宁波佛教慈善事业类和人物传记类，具体包括《鄞县佛教会会刊》第一、二期，《中国佛教会浙江省鄞县支会会议录》四册，《宁波佛教孤儿院报告册》第十四期，以及《谛闻尘影集》《谛闻法师讲录》《悲壮集》，是民国时期宁波地区至为宝贵的佛教史料。

《会刊》（第一期）出版于民国二十三年（1934）六月，记载了鄞县佛教会之沿革，收录了政府法令、训令（包括会务指导）、指令、法规及教会各类公文、教务活动、财务报告、会员名录等文件。《会刊》（第二期）出版于民国二十五年（1936）九月，收录了政令等公文及鄞县佛教会所属的慈善学校、施诊所的简则、诊务报告等。《会刊》内容丰富翔实，反映了民国时期地方佛教的组织形式及活动等方面的真实情况。《会议录》共四册,记载了民国三十五年(1946)九月一日至十二月三日、民国三十七年(1948)五月三日至五月二十三日中国佛教会浙江省鄞县支会的组织运作方式与县内寺庵法务活动、财产纠纷、人事变动、规范管理和僧伽教育等方面的内容。民国时期鄞县地域辽阔,覆盖了今宁波市鄞州区全域、海曙区全域及江北区的城区部分,县内佛教寺庵之盛,为浙东之最。鄞县佛教会本自1927年成立的宁波七邑佛化同志会,1929年改为宁波市佛教会及鄞县佛教会,1930年,市、县佛教会合并为鄞县佛教会。次年,鄞县佛教会在延庆寺召开成立大会,智圆为常务委员会主席,谛闲为监察委员会主席。1935年,根据中国佛教会指令,鄞县佛教会改称中国佛教会鄞县分会,智圆任分会会长。1946年,改称中国佛教会鄞县支会,源龙任理事长。这两种资料对研究近代佛教团体组织架构,以及佛教界应对民国时期社会变革、维护佛教合法权益方面的作用极有价值。

《报告册》(第十四期)出版于民国二十年(1931)十二月,记载了宁波佛教孤儿院的沿革、教育信条、行政原则、组织大纲和现行章则等内容。宁波佛教孤儿院由寄禅、陈屺怀发起,正式创办于民国七年（1918），以僧立普益学校旧址为院舍，陈屺怀、岐昌、圆瑛、禅定、赵芝室、智圆、安心头陀等高贤名僧先后担任该院院长。该院专收生活无依的孤儿，施以教养，传授文化知识，培养劳动技能，是当时地方佛教最具影响力的慈善机构之一。《报告册》记录了民国时期佛教从事社会救济与慈善教育方面的多重经验，诸如孤儿的收养、教育与就业、师资管理与运作模式，有着鲜明的近代佛教慈善事业的特点。

《谛闻尘影集》属于杂文类著作，除多篇论述佛教教育、佛教革新等内容的文章外，其他多为读经论心得、人物传略、序跋题赞、随笔感言、信函手札、募化缘起以及佛学论述等内容，其中关乎七塔报恩佛学院、七塔禅寺的文章近二十篇。谛闻法师于民国二十四年（1935）至二十六年（1937）任宁波七塔报恩佛学院主讲兼教务主任，《谛闻尘影集》由报恩佛学院于其离任当年出版。《谛闻法师讲录》乃谛闻法师于民国二十七年（1938）在湖南洪江佛教居士林所作讲演的集录。《悲壮集》是《栖心图书馆聚珍辑刊》（第二辑）中唯一的非民国佛教史料。作者显宗法师历经清末、民国和新中国三个时期，为新中国成立后第二任七塔禅寺住持，因尚未发现其前任圆成和继任果成、嘉善的相关史料，故而《悲壮集》对于研究七塔禅寺寺史及现当代浙东佛教史显得弥足珍贵。

三

《栖心图书馆聚珍辑刊》（第二辑）的结集出版，不但传承了中国优良的藏书传统，更具有显著的学术意义与现实意义。

宁波历来有"文献之邦"的美誉，有近千万卷四明文献和数量巨大的近现代史料档案。宁波地区古称东南佛国，佛教文献典籍的收藏不仅数量多而且种类丰富。仅以七塔寺为例，就现存乾隆版《大藏经》一部，共七千一百零四卷；影印《宋碛砂藏》五十八函，每函十册；《大正新修大藏经》一部，共一百卷；《续藏经》一部，共一百五十套，并有梵文金边贝叶经二百九十四张。《栖心图书馆聚珍辑刊》（第二辑）的整理出版，鲜明地体现了中国古代藏书特色，也是佛教中国化、在地化的又一具体表现，体现了佛教身土不二的精神。在中国古代，书籍文献主要由官府藏书、私家藏书、书院藏书和寺观藏书等四个系统收藏保存，其中寺观藏书即寺院藏书和道观（或称宫观）藏书，寺院藏书大致出现于东汉，道观藏书则约始于晋代。

佛教传入中国后，佛经的翻译和流通成为佛教能否进一步传播的决定性因素。翻译佛经是中国人接受佛教思想和教义的主要方式，是中国僧人和早期来华的印度僧人必须首先面对的问题。当时的译经者用中国人所熟悉的本土儒家、道家的语言、概念、思想来翻译佛教经典、解释佛教教义，形成了格义佛教。大量印度及西域佛教学者和僧人来到中国，以洛阳为中心从事佛教传播与佛经翻译工作，译出了大量佛教典籍，寺院藏书也随之兴起。"天下名山僧占多"，寺院远离尘嚣，环境清幽，在保存文化典籍方面具有独特的优势，是理想的藏书之所。隋唐是我国佛教发展最为繁荣的时期，雕版印刷术的发明使得经本数量急剧增加，经书入藏标准《开元释教录》的出现，标志着以佛教大藏经为中心的寺院藏书体系的成熟。

寺院藏书除大藏经外，还包括诗文集、年谱、家谱、传记、笔记、文书等，此外，寺院藏书也接受文人墨客的入藏申请。唐代白居易分藏自己文集于圣善寺、东林寺、南禅院，南宋洪咨夔藏书于西天目宝福院闻复阁。寺院藏书还有一定的公益性质，成为一些平安好学之士读书上进的有力支撑，历史上刘勰与范仲淹都曾经寓居寺庙苦读并学有所成，无形扩大了寺院藏书的社会职能。寺院在中国传统社会有"化民导俗"的功能，在某些特定的时期，寺院藏书甚至担负起传承中华文化的重要职能，可以说，中国古代佛教寺院藏书的传统是与佛教中国化的过程相伴随的，有鲜明的地域特征和文化特征。

近年来，区域研究日益成为史学研究的新趋势，这种趋势的产生通常被认为是受法国年鉴学派的影响，学术研究的焦点由宏大的国家民族叙事转向基层社会的细部。国家民族不再是史学研究的唯一主题，更为细致、多维、丰富的普通人和社会的活动面向日益呈现出来，并逐渐形成新的独立于传统话语系统的史学研究范式和史学解释体系。这种学术转向体现在佛教史研究中，表现为区域佛教研究的兴起。区域佛教研究不但使佛教史研究更趋细致精确，丰富了佛教中国化进程中许多地方性的细节，甚至可以弥补和修正佛教通史中的漏洞与偏差，从而解释佛教在不同地区传播过程中表现出的不同地域特点，为了解佛教在特定时空内传播规律和及其呈现出的人文精神提供了新的视角。

区域佛教研究得以展开的重要基础，是包括文物、地方志等在内的大量地方佛教文献的发现与应用。因此，在全球化时代的今天，以地域性、民间性为主要特征的地方文献的作用不仅没有削弱，反而得到加强。《栖心图书馆聚珍辑刊》（第二辑）全面真实地反映了民初浙东佛教的样态，显示出鲜明的地域性、社会性和实践性。它所涉及的民国时期，是传统中国与现代中国的重要过渡期，也是中国文化由传统迈向现代的承前启后的时期，因此，对于佛教中国化和社会主义文化建设，尤其是佛教文化建设有着非常重要的现实意义。它的出版将大大方便读者查阅地方佛教文献，为学者和宗教界人士研究民初浙东佛教生态、加强当代佛教建设提供便利。

四

一切历史都是当代史，对于历史研究问题的选择，必定是以当下的现实关怀为依托，佛教史的研究也是如此。在当前形势下，佛教自身的文化建设是推动佛教中国化进程的不二选择。促进社会主义文化大发展大繁荣，要牢牢把握社会主义先进文化的前进方向，佛教自身的文化建设是社会主义文化建设的题中应有之义，佛教可以通过整理文献典籍等文化遗产，努力增强自身的文化性，建设文化佛教。佛教的信仰只被佛教徒认同，而佛教的文化性则与世俗文化相融合,有更加广泛的群众基础。佛教加强自身的文化建设,不但有利于相关文化资源的保护、开发和利用,更可以团结信教群众和不信教群众在致善和审美上团结共进,充实人民文化生活,丰富中华民族精神家园。现代社会的发展趋势是世俗主义,就人类社会的文明程度而言,政教分离是一个重要的指标,也是现代政治学的一个重要原则,它保障了不同宗教有一定程度的信仰自由空间。在马克思主义意识形态和社会主义制度下,走"文化佛教"之路,推动佛教由政治权力和市场中心向文化建设和道德教育的转变,推动以信仰为主、指向出世与超越的传统佛教向以现实为主、指向世间的现代文化的现代佛教的转变,不但是建设"人间佛教"的一个可行路线,也是促进佛教中国化的一个重要途径。

历史上凡文化性强的宗教,其生命力、影响力通常也强,而文化性弱的宗教,其生命力、影响力往往也弱。作为一种异质化宗教,佛教能够在中国流传两千多年,很大程度上要归功于其自身的文化性。1987年2月,赵朴初在中国佛教协会第五次会议上指出,"佛教文化是中国传统文化的重要组成部分",方立天先生也提出过以"文化佛教"建设来实践"人间佛教",

推进中国佛教发展的构想。在赵朴老、方先生等高僧大德的推动下，"人间佛教"思想已成为中国佛教界的思想共识和发展主流。1983年，中国佛教协会会长赵朴初居士在庆祝中国佛教协会成立三十周年的大会上，庄严号召全国佛教徒"应当提倡一种思想，发扬三个传统"，其中第二个传统就是"注重学术研究"。他说："我国佛教历史上高僧辈出，大德如林。他们译经著述，创立宗派，传经授业，留下了浩瀚的佛教文学、艺术、历史、哲学的宝贵资料，大大地丰富了我国民族文化的宝库。我们应该在新的历史条件下，继承和发扬中国佛教学术研究的优良传统，努力开创佛教教学与研究工作的新局面。"可以说，通过文化建设推动佛教中国化，是由时代背景和佛教自身特点决定的必然选择。

在当代，一个没有文化品位的宗教是没有前途的，文化素质、文化品位正是佛教的生命力所在。坚持佛教中国化方向，就要在社会主义核心价值观的引领下，发挥佛教的优良传统，努力弘扬和实践"人间佛教"思想，倡导佛教有利于社会发展的健康、文明、积极向上的内容，更好地发挥佛教文化建设、道德实践、慈善事业等积极的社会作用。多年来，七塔禅寺重视自身文化建设，坚定文化自信、增强文化自觉，深入挖掘文化传统底蕴，收集整理佛教史料，汇纂佛教历史文献典籍，《栖心图书馆聚珍辑刊》(第二辑）的整理出版，不但为佛教中国化和现代化建设提供了历史镜鉴，更为全面复兴传统文化和社会主义文化大发展大繁荣做出了积极贡献。

深入践行"第二个结合",积极推进佛教中国化进程
——以七塔禅寺文化建设为例

一

2023年6月2日,习近平总书记在文化传承发展座谈会上提出,"在五千多年中华文明深厚基础上开辟和发展中国特色社会主义,把马克思主义基本原理同中国具体实际、同中华优秀传统文化相结合是必由之路"。他特别强调,"'第二个结合',是我们党对马克思主义中国化时代化历史经验的深刻总结,是对中华文明发展规律的深刻把握,表明我们党对中国道路、理论、制度的认识达到了新高度,表明我们党的历史自信、文化自信达到了新高度,表明我们党在传承中华优秀传统文化中推进文化创新的自觉性达到了新高度"。深刻领会和积极践行"第二个结合",要求通过对中华优秀传统文化的创造性转化、创新性发展,使其与现代社会相协调。作为中华优秀传统文化的重要组成部分,佛教既是社会主义先进文化的重要内容,也是传承和发扬中国传统文化的重要载体。从现实来看,儒、释、道

三家中最有能力担负起发扬传承优秀传统文化、推动中华优秀传统文化走向世界的就是佛教。

2015年,习近平总书记在中央统战工作会议上指出:"积极引导宗教与社会主义社会相适应,必须坚持我国宗教中国化方向。"坚持宗教中国化方向,就是要团结广大信教群众,积极引导宗教与社会主义社会相适应,让中国宗教深深扎根中华大地。对佛教而言,自觉坚持宗教中国化政策,就是要坚定不移地走佛教中国化道路。政治认同、文化融合、社会适应是佛教中国化的基本要求和重要目标,其中文化融合居于核心地位。佛教从印度传入中国后,结合了中国固有的儒道思想,适应了中国社会的实际情况,从而完成了自身的中国化转型之路,为当今佛教进行文化建设提供了历史镜鉴。

二

2021年,七塔禅寺入选全省首批"宗教中国化示范场所"。多年来,七塔禅寺秉持"文化兴寺"的理念,致力于佛教文化建设工作和佛教中国化,积累了丰富的经验。

1983年,中国佛教协会会长赵朴初居士在庆祝中国佛教协会成立三十周年的大会上，号召全国佛教徒"应当提倡一种思想，发扬三个传统"，其中第二个传统就是"注重学术研究"。他说："我们应该在新的历史条件下，继承和发扬中国佛教学术研究的优良传统，努力开创佛教教学与研究工作的新局面。"为深入挖掘天台佛教的精神标识和文化精髓，展现天台学研究的前沿动态，更好地传播天台哲学思想和实践理论，提高天台佛教的影响力，从 2017 年起，七塔禅寺联合中国人民大学、北京大学、宁波大学、台湾南华大学、台湾法鼓文理学院等大学及科研院所，共同倡办了天台佛教学术研讨会，邀请域内外知名学者莅寺参会，分享、交流最新研究成果。研讨会迄今已成功举办七届，取得了丰硕的成果并产生了广泛的社会影响，成为国内研究天台学的重要学术平台。天台佛教学术研讨会论文集已结集出版至第五辑，第六、七届天台佛教学术研讨会论文集的出版也正在此基础上紧密推进。此外，七塔禅寺还策划出版"七塔报恩丛书"系列，出版《七塔人物志》《无言潮音》《七塔报恩文化论坛——都市寺院与和谐社会研讨会论文集》《七塔寺史话》《月西法师评传》《月西法师研究》《千载传灯——七塔禅寺建寺 1150 周年纪念集》《栖心图书馆聚珍辑刊》《栖心伽蓝史料集》等书籍。

　　作为古代四大藏书系统之一，寺院藏书在中国传统社会有"化民导俗"的功能，在某些特定的时期甚至担负起传承中华文化的重要职能，可以说，中国古代佛教寺院藏书的传统是与佛教中国化的过程相伴随的，有鲜明的地域特征和文化特征。为进一步推进佛教中国化方向，贯彻落实习近平总书记关于宗教工作重要论述，七塔禅寺捐资建设了浙江地区首家以佛教文献和地方文献为收藏特色的公益性研究型图书馆——栖心图书馆。栖心图书馆于2017年4月21日正式开馆，并于4月23日"世界读书日"正式对外开放，面向读者提供服务。截至2023年底，已收藏文献10万余册（件），包括历史、哲学、宗教、文学、艺术、政治、军事、经济、医学、伦理、社会、地方文献等类别。佛教文献和地方文献是栖心图书馆最具特色的馆藏文献，其中佛教文献35000余册，地方文献5000余册。在此基础上，七塔禅寺联合多位佛教专家学者发起成立了浙东佛教文化研究院，致力于佛教文化研究、人才培养、学术交流、翻译出版等工作。2020年，为了深化佛教中国化的理论研究，浙东佛教文化研究院又成立了佛教中国化研究中心，展开"佛教思想""佛教制度""佛教组织""佛教寺院管理"四个中国化专项课题研究，推动佛学专著译丛出版，重点推进池田鲁参《國清百録の研究》、関口真大《天台止観の研究》、関口真大《天台教学の研究》、大野栄人《天台止観成立史の研究》、日比宣正《唐代天台学序説——湛然の著作に関する研究》、柳田聖山《初期禅宗史書の研究》、平井俊栄《法華文句の成立に関する研究》等著作的翻译出版工作，受到相关专家学者的积极响应。同时，栖心图书馆整合了多方面学术资源，创设"栖心讲坛"文化品牌，截至2023年底，已举办公益讲座57场，内容涵盖历史、哲学、艺术、医学、宗教等领域，张风雷、连登、王邦维、何鸿、黄征、戴光中等知名学者均应邀来馆讲学，助推人文社会科学的发展。

"人能弘道，非道弘人"，在佛教中国化进程中，人才培养是最为基础性的工作。浙东佛教文化研究院以"整合学界资源，培养研究人才，积累学术成果，传播佛教文化"为宗旨，研究院设佛学高等研修班，旨在培养爱国爱教、品学兼优、学修并重的研究型及复合型高层次人才，造就热爱佛教事业，能够担当教学研究、文化交流等工作的佛教栋梁，为推动佛教学术研究、弘扬佛学精神价值贡献力量。研修班学制两年，采用学术讲座、禅修实践、调研参访等丰富的教学形式，开设的课程也非常丰富，包括天台宗史略、天台宗典籍选读、古代汉语、论文写作、中国哲学史、中国传统文化概论、跨文化交流、日语（选修）等。首届研修班于2019年9月正式开班，至今共录取正式学员45名，为进一步培养佛教学术研究与文化传播人才探索了方向，积累了经验。

习近平总书记提出，"宁波等古港口是古丝绸之路的活化石"。宁波是"海上丝绸之路"的重要节点，宁波佛教宗派理论与实践、佛教艺术、佛教典籍正是通过"海上丝绸之路"传播到域外。七塔禅寺自唐代开山以来，寺址无变动，是宁波市区唯一保存完整、面积最大的汉传佛教古建筑群落，是宁波城市变迁和对外文化交流的重要见证。七塔禅寺是一座典型的伽蓝七堂建置的寺院，结构精严，院落层出迭进，主体建筑多为明清风格。寺院主要殿堂多为清代同治、光绪年间所建。近年来七塔常住一方面加快推进毗邻的王宅和位于鄞州区五乡镇宝同村的寺院塔院及僧墓群遗址的保护性修缮工作，另一方面，延请罗哲文、郑孝燮、马瑞田等古建筑专家担任寺院古建筑保护与修复工程高级顾问，严格遵循"真实性、完整性、可识别性以及最低限度干预"的原则，对古建筑和各类文物进行保护性修缮。七塔禅寺2011年被浙江省列为省级重点文物保护单位，寺内现保存有唐代开山祖师心镜禅师舍利塔、宋代大铜钟两口、清代精刻五百罗汉造像图、乾隆版《大藏经》、梵文贝叶经、重修文昌宫记碑以及明清时期的佛像、法器等文物。目前，七塔禅寺已经被正式列入"海上丝绸之路：中国史迹"宁波的遗产点。2022年10月26日，筹建数年的重大文化建设项目——"三馆三园"工程顺利动工。项目建成后，将形成以七塔禅寺、栖心图书馆、东津艺术馆为核心的佛教文化展示空间、公共阅读空间、艺术展览空间，成为宁波开展对外文化交流的重要窗口和展示宁波"书香文化""佛教文化"的新地标。

阐扬中国佛教，对外讲好中国佛教故事，是提升中国佛教国际影响力的重要途径。浙东佛教对外交流历史悠久，七塔禅寺的对外文化交流最早可以追溯到南宋时期与日本僧人的往来，此后教内往来交流一直不曾间断。七塔禅寺地处三江口佛教文化圈，依托天台宗、禅宗等道场的丰富历史遗存、深厚文化底蕴和广泛法派传承等重要资源，积极发扬中国佛教国际交往的优良传统，积极开展各种形式的对外交流活动，发挥佛教对外沟通与文化交流的作用。近十年来，七塔禅寺与日本、韩国佛教界交流往来频繁，多次组团赴日本、韩国考察，和当地佛教界人士进行了友好交流，取得了丰硕的成果。日本曹洞宗大本山永平寺副贯首南泽道人长老、监院佐藤好春法师和小林昌道法师，日本天龙寺派宗务总长田原义宣法师，韩国天台宗原总务院长边春光长老，韩国佛教宗团协议会事务总长月道法师，七塔禅寺法派弟子、韩国首尔临济禅学院住持摩定法师等，也亲临寺院进行友好交流、参访问讯。在开展同韩日佛教界和东南亚佛教界友好往来的同时，七塔常住还数次率团前往新加坡、西班牙、荷兰、美国以及我国港澳台地区的名山古刹参观学习，开展文化交流。2012年，七塔禅寺常住出席荷兰禅川寺禅堂落成暨文殊菩萨像开光法会。2019年7月，"曲径通幽：中国汉传佛寺建筑空间展——七塔禅寺主展"在西班牙马德里建筑师官方协会展出，受到西班牙当地《联合时报》等媒体的高度评价。是年11月，应西班牙巴斯克大学邀请，"曲径通幽"再度在第二届巴斯克国际建筑双年展上展出。此次活动推动中国佛教建筑文化走向海外，不仅加深了中西友谊，促进双方在学术研究、文化互鉴、古建筑保护以及旅游考察等方面的交流合作，更有效推动了"一带一路"文化交流朝着更广泛、更深远的方向发展。

三

马克思在《〈黑格尔法哲学批判〉导言》中指出，"理论在一个国家实现的程度，总是取决于理论满足这个国家的需要的程度"。佛教之所以能够在中国广泛传播和顺利发展，从根本上说在于它适应和契合了中国人普遍的重实际、求功利的心理需要。历史上凡文化性强的宗教，其生命力、影响力通常也强，而文化性弱的宗教，其生命力、影响力往往也弱。从异域宗教在华传播的历史来看，除佛教以外，祆教、摩尼教、景教、印度教、天主教、犹太教、伊斯兰教也曾经产生过或大或小、或长或短的影响。究其原因，乃是其是否能与中国本土文化相融合，积极谋求中国化发展路径。伊斯兰教、天主教以文化融合为核心，经历了漫长的中国化过程之后最终成为中华文化的一部分，而唐时景教来华，200多年后便消沉歇绝，其根本原因就在于其教理教义、礼仪未能融入中华文化。

在当代，一个没有文化品位的宗教是没有前途的，文化建设是佛教的生命力所在，也是佛教的发展前途之所向。在当前形势下，走"文化佛教"之路，推动以信仰为主的传统佛教向以现代文化为主的现代佛教的转变，是促进佛教中国化的一个重要途径。佛教寺院的文化建设不但有利于相关文化资源的保护、开发和利用，更可以团结信教群众和不信教群众在致善和审美上团结共进，充实人民文化生活，丰富中华民族精神家园。在这个意义上说，七塔禅寺秉持"文化兴寺"理念，积极推进文化建设，坚持走佛教中国化道路，以社会主义核心价值观为引领，以满足新时代广大信众精神文化需求为目标，以佛教慈悲济世、圆融和谐的精神为指引，持续推动文化润教、文化兴教事业，不但为佛教中国化和现代化建设提供了历史镜鉴，也为社会主义文化大发展大繁荣做出了积极贡献。

藏在历史里的细节

——从《报恩佛学院院刊》看20世纪30年代的七塔禅寺

浙江省宁波市七塔禅寺是全国汉传佛教重点寺院，自唐大中十二年（858）建立至今，已有一千一百多年，尤其是近代以来，更是名列浙东四大名刹之一，曾经留下"唐懿宗赐号建塔、光绪帝钦赐寺名、宰相裴休题匾捐帛、慈运长老进京请藏"的光辉历史。20世纪二三十年代，在全国佛教日益衰落、庙产兴学之风正盛的背景下，七塔禅寺克服重重困难，创办报恩佛学院，经过八年努力，编辑出版了《七塔报恩佛学院院刊》（以下简称《院刊》），成为那个特殊时代的特殊记忆。细读《院刊》，我们可以从中发现一些不为人知的细节，对现在七塔寺的状况有更深刻的了解。

一、关于报恩佛学院及《院刊》

关于报恩佛学院创建的原因，溥常法师这样解释：

"……可是现在的事实，明明告诉我们衰败的样子，已无可讳言了。产业被人夺取了，寺宇经人拆毁了，佛像给人破坏了，我们的僧伽早已被人唾弃了……现在我们七塔寺，开办这个学院的起因，也就是为这个，希望着造就几个人才出来"，①"本院宗旨是以造就弘法利生的人才为宗旨"。②

在当时佛教日益衰落的状态下，溥常法师意识到，唯有培养出可堪大任的佛门僧才，佛教才有振兴的希望，创办报恩佛学院乃是其主动作为。况且，在庙产兴学的背景下，与其让庙产被别人占去，不如通过办佛学院，使庙产留在自己手里，所以实际上这也是保护庙产的被动应付。正是在这个背景下，观宗寺设立了弘法研究社，报恩佛学院也于1928年9月1日正式开学（"今日我报恩佛学院举行开学式盛典，事属将来之永久纪念，则须知今日为民国十七年，岁次戊辰，七月十八日，即阳历九月一日也"；③"本市四大丛林，办学者已有其二"④）。佛学院设在藏经楼上，内设图书室、阅报处。佛学院的师生保持着

---

① 《报恩佛学院院刊》，见《栖心图书馆聚珍辑刊》，上海古籍出版社2020年版，第515页。
② 同上书，第517页。
③ 同上书，第511页。
④ 同上书，第507页。

高昂的学习劲头，几乎没有学生出于各种原因退学，义务讲课的老师也始终没有因故缺席。

但即便如此，无论师资、生源，还是办学，佛学院似乎都缺乏稳定性："最初开课的时候，受学的学生，仅有二十余名，后来渐渐地增加到三十几名……本学期内教学的教师，除了我一人是有薪职正式在院负责外，其余都是外面请来尽义务的……这学期就算这样度过了，下学期又不知如何办法。"① 在民国二十五年（1936）冬月所作《七塔住持告退感言七首》之三，"丛林兴学都说难，经过八年出院刊。休话僧材容易得，自从主办亦心寒"，② 溥常法师用"心寒"来形容办学的苦楚不易，遗憾的是，办学过程中遇到了哪些困难，现在依然没有找到相关的印证。

《院刊》收录120篇署名文章，其中前人所作24篇，不见于701—704页所附历年学员及教职员名单者23人（禅定、开悟、常闻、自然、道开、体照、传国、证性、慈云、德藏、德

---

① 《报恩佛学院院刊》，见《栖心图书馆聚珍辑刊》，上海古籍出版社2020年版，第541页、542页。
② 同上书，第674页。

圆、楚泉、又忍、研义、福经、玉缘、智根、觉地、大梦、岐昌、谛闲、宝静、周道平），故非学院师生作者合计47篇，学院师生所作73篇。73篇中，同题、同类文章凡56篇，属于命题作文，即七塔寺游记7篇（7篇中有3篇作者不见于历年学员表，即德圆、楚泉、又忍），天童圆瑛老法师参访记及其后参访育王舍利塔13篇（13篇中有6人不见于历年学员表，即德圆、研义、福经、玉缘、智根、觉地），与友人论佛法书7篇（7篇中有1篇作者不见于历年学员表，即禅定），与友人论出家书7篇（7篇中有1篇作者不见于历年学员表，即开悟），拟请诸山长老提倡僧教育书5篇（5篇中有1篇作者不见于历年学员表，即开悟），观世音菩萨诞日感言2篇，对学员僧的训词12篇，祝贺同学当住持3篇。溥常法师一人所作15篇，一人独占文章总数八分之一，占学院师生所作五分之一强。

值得注意的是，《院刊》收录的也并非都是历年文章，如溥常法师1929年令学生写的《观吉祥花记》，[①] 即不见于《院刊》。

[①]《报恩佛学院院刊》，见《栖心图书馆聚珍辑刊》，上海古籍出版社2020年版，第660页。

《育王游记》[1]也不见于《院刊》，应该是随写随丢，当时并未想到日后编辑院刊会用到，所以没有留下底稿。这120篇文章甚至不全是学院师生所作，佛学院以外人员所作文章47篇，占文章总数三分之一强，颇有"数量不够，前人来凑"之嫌。鉴于溥常法师于1936年退居方丈一职，与《院刊》出版几乎同时，《院刊》的编辑刊行，很可能是溥常法师退居方丈前做一项总结工作，是临时起意，而不是深思熟虑的一项长久计划。

《七塔寺人物志》（以下简称《人物志》）载报恩佛学院十年间培养了288人，并举出其中的卓越代表常凯法师。[2]但是细数《院刊》最后附录的历年学员一览表，只有学员287人，且其中并不见常凯法师之名。非惟常凯法师，即便"现住七塔报恩佛学院"[3]而明白见录于《院刊》的禅定法师，参礼密云圆悟白骨塔下山时几乎跌入悬崖的广师法师，[4]也同样不见于学员一览表。学员缺漏和人数偏差，究其原因，一方面，固然因为

---

[1]《报恩佛学院院刊》，见《栖心图书馆聚珍辑刊》，上海古籍出版社2020年版，第615页。
[2]《七塔寺人物志》，宗教文化出版社2008年版，第357页。
[3]《报恩佛学院院刊》，见《栖心图书馆聚珍辑刊》，上海古籍出版社2020年版，第579页。
[4] 同上书，第641页。

《院刊》编辑事出临时,难免挂一漏万,另一方面,院刊出版于1936年,但是直到1938年佛学院才停办,中间有两年多时间的学僧是没有记录的。算上最后两年的学员,学员实际人数当在300以上。

二、关于七塔寺

(一)七塔寺旧略

当时的建筑普遍不高,所以占地广大、建筑雄伟的七塔禅寺远远地就可以被看到,而不是现在这样淹没在一片现代高大建筑群里。这种高大雄伟的气势往往先声夺人,人还未进寺庙,先已经产生了敬畏之心。几篇《七塔寺游记》中几乎都提到了这一点:

"我和一位同学到了老江桥,便望见那雄伟的庙宇,如像皇帝的楼阁宫殿一样。"[1]

"望着前面有个伟大的寺院,建在街衢。"[2]

---

[1] 《报恩佛学院院刊》,见《栖心图书馆聚珍辑刊》,上海古籍出版社2020年版,第612页。
[2] 同上书,第609页。

"出了忠介街,便望见那雄伟的殿宇,竖在街衢,金黄色的墙上刻着七塔禅寺四个字。"①

"到老江桥,便望见一座很伟大的寺院,层楼杰角,高出云霄,好像皇帝居的宫殿一样。寺在百丈街的中央。"②

其中一篇游记中提到一个细节,即"经过云水堂,堂内有三百多和尚,都是眼观鼻鼻观心的在用功",③据说因为方丈溥常法师以上率下,以身作则,每天带领僧众上殿、过堂、坐香,所以七塔寺道风比其他寺庙严肃。④可见当时七塔寺的僧人众多,道风纯正。还有一个僧人注意到,佛学院学生正在以《育王游记》为题作文,⑤可惜的是,这些习作也没有传下来。

当时的七塔寺山门刻着的是"七塔寺"三个字,⑥而不是现在的"七塔禅寺",门口还有许多人在做生意卖吃的,⑦也有很

---

① 《报恩佛学院院刊》,见《栖心图书馆聚珍辑刊》,上海古籍出版社2020年版,第615页。
② 同上书,第615—616页。
③ 同上书,第613页。
④ 同上书,第610页。
⑤ "(在藏经阁)看见许多学僧坐在讲堂里,很用功地做文章,做的题目是育王游记",同上书,第615页。
⑥ 同上书,第612页。
⑦ 同上书,第613页。

多小孩子在七座石塔前玩闹，① 很是热闹，这一点倒是和现在了无二致，而当时庙里对二三百和尚每天平等无差别的供养，② 是一项不小的开支，也从侧面反映了当时七塔寺的规模气度。

（二）小花园

有两篇游记提到，在天王殿后有个不大的小花园：

"天王殿后，便有个小规模的花园。"③

"我们穿过天王殿，就有个小小的花园，有色色等等的花草，长得非常的美丽。花园里有座很高大的钟，上面刻着字，重量有四万八千斤，摆在花园里，令人参观。抬头一望，见着'大雄宝殿'四个字"。④

这个花园在《七塔寺志》（以下简称《寺志》）所附地图中可见，并且是两个，大致是在现在圆通宝殿前广场上银杏树的位置。值得注意的是，现在的圆通宝殿，在当时是"大雄宝殿"。一般而言，供奉观音菩萨的大殿成为"圆通宝殿"，但当时的"大雄宝殿"内供奉的，也是观音菩萨。⑤

---

① 《报恩佛学院院刊》，见《栖心图书馆聚珍辑刊》，上海古籍出版社2020年版，第616页。
② 同上书，第608页。
③ 同上书，第609页。
④ 同上书，第612页。
⑤ 同上书，第616页。

另外，上述引文里有一个明显的错误，即对于小花园里放置的大钟重量的记载。根据《七塔寺志》，"《鄞县志》(卷六十页十一)云，补陀寺钟题字，在七塔寺，天顺六年二月十九日造"①"铜钟一，在钟楼上，佛历二千九百五十三年，即民国十五年丙寅冬月，住持觉圆、监院溥常暨两序同募。上海南市董家渡浦东沈元吉冶坊铸造"。②均不曾言明大钟重量，游记中所言四万八千斤当为虚言。

（三）如意寮概况

七塔寺当时有如意寮，寺内外的生病僧众都可以来疗养。里面住着二十几个病僧人，呻吟痛苦，惨状难言。作者还听说当时溥常法师正在与上海的护法陈磐裁商量救济办法。那么，如意寮的问题后来解决的怎么样呢？

《寺志》："如上募之缘，除装三圣金像外，复有余款……一部作为扩充如意寮之费，普结十方僧众病苦之缘。"③溥常法师在《七塔住持告退感言七首》之六云："传戒未思震浙

---

① 陈寥士：《七塔寺志》卷二，中华佛教出版社、百通（香港）出版社2004年版，第1页。
② 同上书，第13页。
③ 同上书（第4卷），第5页。

东（廿三年冬新戒六百有奇，僧俗护法一千二百五十人俱之多），可怜病苦始终穷（余与陈磐裁君拟修如意寮，未果）。陈君有意难如愿，储款希期重德充（开光余款存库房，候新方丈发心）。"[1]溥常法师因为当时已经退居，因而如意寮病人待遇问题并没有在他手上解决，但是在溥常法师因为三圣殿开光所募大笔善款，除传戒花销之外，还剩下一部分，存在库房，成为新方丈解决如意寮待遇问题的有力保障。据《人物志》记载，后继方丈指南戒利接任不久就扩充完善如意寮，并由陈磐裁具体督造，并终于功德圆满，疗养条件大为改观。[2]这则让人欣慰的消息应当出于溥常退居后出版的《寺志》："（如意寮）陈庆裁督造。"[3]同时，在《寺志》所附的绘制于1935年的七塔寺地图上，也可以在三圣殿的西侧看到如意寮。

这个如意寮或许就是另一篇游记里所说的"施医院"[4]，不

---

[1] 《报恩佛学院院刊》，见《栖心图书馆聚珍辑刊》，上海古籍出版社2020年版，第674页。
[2] 同上书，第397页。
[3] 陈寥士：《七塔寺志》卷四，中华佛教出版社、百通（香港）出版社2004年版，第10页，"陈庆裁"当为笔误，应为"陈磐裁"。
[4] 疑为"施医药所"。《七塔寺志》卷四，第1页："（施医药所）民国十七年成立，设三圣殿右厢"，但不见于所附地图。

过后者说"施医院是专门救济贫人的"。在这一篇游记里作者还记录到一个鲜见的细节，即因为寺院当时驻扎着军队，寺院的卫生条件和经济状况都大受影响：

"一进山门，就看见许多的军队在训练，所谓保长训练班也。因为军队驻的太多，卫生方面就大妨碍了，把一座清净的道场，变成污浊的秽土。"

这些驻扎的部队给寺庙带来了很大负面影响，寺庙的一个和尚介绍说，"我们寺里（原文为'寺理'，应为笔误——笔者注）住有三四百僧人，所有吃的穿的用的，都是靠斋主到寺里来拜忏念经的。自从这些军队驻扎以后，斋主也不敢到寺来拜忏念经了，所以收入方面就大受影响，几乎不能生活了。"[1]

当然这两篇游记未必作于同时，所见也未必同时，但是七塔寺曾经驻军，虽然辛苦经营却依然举步维艰，却是个不争的事实。

（四）薄常法师剪影

一个名叫慧藏的法师特意从上海搭乘"新江天号"快轮来

---

[1] 《报恩佛学院院刊》，见《栖心图书馆聚珍辑刊》，上海古籍出版社2020年版，第611页。

宁波瞻礼七塔寺,并参访溥常老和尚,在游览七塔寺后,他在挂着金字"方丈"匾额的丈室见到了溥常法师。当时的溥常法师是"一位道貌堂堂、精神奕奕的老和尚,躺在一张眠椅上看书(大约是《禅林宝训》)"。慧藏向溥常法师恭敬地礼了三拜,并请溥常老法师开示法语。溥常法师的开示并不多,大意为青年人须当勉励自强,以荷担如来家业,负起自己的社会责任。在被问及主理寺务的要目时,溥常老法师举以"修寺志、编宗谱、立万年簿、扩充学院、禅堂坐香诸事",并认为"其余的没有语人的价值"。①

另外,在《梦供佛像文》中,溥常法师记录了自己年轻时做过的一个神奇的梦。民国五年(1916),在云南三官殿梦到了一个小厅,里面光明如昼,殿中央站立着高大的阿弥陀佛像。溥常法师随即跪倒下拜,心想自十五岁食素,早晚发愿见佛,今得一见,欣喜非常。这时候恍恍惚惚像有个医生立在佛像右脚边,溥常法师又想到自己的右脚也曾跌伤,不知还能否治愈。醒来后,看到佛像前灯影摇曳,如真似幻。第二年夏天,由云

---

① 《报恩佛学院院刊》,见《栖心图书馆聚珍辑刊》,上海古籍出版社2020年版,第650—651页。

南南渡南阳槟榔屿极乐寺,在鼎峰长老精舍,也看到一座四五寸高的阿弥陀佛像。溥常法师忆及前梦,遂与鼎峰长老开玩笑说,"这尊佛像正是我供养的"。鼎峰长老疑惑不解,溥常法师又解以前梦。几天后鼎峰长老看到溥常法师室内空虚,就将那尊四五寸高的阿弥陀佛圣像送了来。溥常法师喜出望外,焚香顶礼,认为"前年所梦,乃先兆也",并答应鼎峰长老"誓尽形寿供奉,普度众生,同报佛恩"。①

此事不但在《人物志》中没有记录,在《七塔寺志》中也没有记载。《七塔寺志》中还有另外一个细节。溥常法师幼年患眼疾,在其父引导下发愿食素,"持之甚虔,夜梦近荤食,即惊觉悔恨",持戒之严,即便在睡梦之中也不放逸。对出家人而言,无论夜梦弥勒,还是梦荤忏悔,都是出于对佛教虔诚而坚固的情怀,有理由相信,正是这种情怀支撑了后来溥常法师克服重重困难,排除种种阻议,将报恩佛学院办下去。

另,《七塔住持告退感言》之五:"慈老冥言不速来(余在

---

① 《报恩佛学院院刊》,见《栖心图书馆聚珍辑刊》,上海古籍出版社2020年版,第659页。

293

七塔寺,梦见慈老人二次,另行写出),自号梦忍愧通材。万年规约今成立,宗谱志乘也兼该。"[1]惜乎溥常法师两次梦见慈运长老的情景,至今不见相关文字记录。

三、参礼圆瑛法师

1936年,圆瑛法师退居天童寺住持,新任住持大悲法师入院继主,当时的报恩佛学院师生见证了这一过程。根据《院刊》所收录的9篇《天童圆瑛老法师参访记》及其后两篇游记《天童育王游记》《游育王参礼舍利塔记》,可以大致将此一过程还原如下[2]:

四月二十五日这天上午十点过午堂后,主讲谛闻法师对全体同学说,天童圆瑛老法师来了信函,叫大家去参观大悲法师进院的典礼。大家听后欣喜非常,收拾妥当后,摇铃召集排班。中午十二点,向院长溥常法师告假,溥常法师叮嘱大家出去时要威仪齐整,不要松散放逸。

---

[1] 《报恩佛学院院刊》,见《栖心图书馆聚珍辑刊》,上海古籍出版社2020年版,第674页。
[2] 同上书,第617—644页。

在谛闻法师和纠寮师脱尘的带领下，师生一行三十余人鱼贯而出七塔寺，至宝幢街三眼桥汽油船码头，乘汽油船，进入拥挤的二等舱，坐在两边的排凳上，三个小时左右到少白码头。少白码头再到天童寺，还有十五里左右，其间先后经过德云精舍、五佛镇蟒塔及天童街。下午五点钟左右到达天童寺。知客师引导大家由天王殿进入客堂，天童寺知客引大家到自得斋楼上，晚饭后便休息了。圆瑛法师四月二十五日这天尚在外公干，直到二十六日才回到天童寺。

二十六日早饭后，大家游览天童寺法堂、藏经楼、祖堂、方丈室、罗汉堂、念佛堂、西禅堂、观音岩、天王殿、大雄宝殿、奎焕阁等处。参观天童寺完毕后，休息一小时，九点左右，谛闻法师招呼大家穿上海青，到山门外石砰里等候，同时还有寮口的班首和清众。诸山长老、鄞县佛教会小学童子军武装奏乐，并有四名警察卫士配枪侍护，迎接新任大悲法师进院。

午饭后，主讲法师谛闻告诉大家穿上海青，搭衣持具，去参礼圆瑛老法师。于是大家在谛闻法师带领下，整班到方丈室。当时圆瑛法师还在斋堂为新任大悲法师送座未回，衣钵师请大家稍候。不多时圆瑛老法师穿着黄海青、搭着红祖衣来了。他站在上首,学僧们在下首。七塔寺主讲谛闻法师说,"七塔报恩佛学院全体学生一起顶礼老法师三拜"。众学僧顶礼后,圆瑛法师说"起具",随即向学僧开示。对于圆瑛法师的开示,学员反应不一,甚至截然相反,有的记录面面俱到,长达数百字,有的则一笔带过,无动于衷,有的欢喜得如同甘露一样,几乎要跳起来。

听完圆瑛开示,大家回寮休息,不久主讲法师带大家去瞻仰天童开山祖师密云圆悟的塔和玲珑岩。回来时分两拨,一拨去老天童和八指头陀的塔,一拨去观音洞。看完后回堂休息。路上看到圆瑛法师的塔,工程尚未完工,[1] 而此时距圆瑛法师1953年离世还有17年,所以圆瑛法师在生前就开始为自己修塔了,[2] 圆瑛法师生前修塔一事并不见于《圆瑛大师年谱》。[3] 第三天早餐后,谛闻法师带大家去育王寺瞻仰佛舍利。当殿主师请起光明灿烂的舍利塔后,大家看到的都如黑墨一般,只有一

---

[1] 《报恩佛学院院刊》,见《栖心图书馆聚珍辑刊》,上海古籍出版社2020年版,第643页。
[2] 同上书,第642、643页。
[3] 《圆瑛大师全集》卷七《圆瑛大师年谱》,宗教文化出版社2017年版。

位十五六岁的小同学看到的是一颗通红的珍珠。作者借此断定该小同学有慧根,因为他看到了其他同学看不到的异象,即一颗通红的珍珠。在育王寺吃完午饭后,收拾行李,和育王寺知客师告假,天气暴热,由育王站乘汽车回宁波。

结 语

十年的辛苦经营,并未如愿培养出一大批足以扭转佛教颓势的卓越僧才,至今发现的有所成就的学僧,也不过常凯、惠光两人而已。这是当时的形势所致,对此不应对溥常法师求全责备,他已经尽其所能做到最好了。毕竟作为一种努力和尝试,这本院刊保存了很多当时的细节,我们才心甘情愿地承认,当时的情况就是如此。单单这一点,就值得我们献以温情的感动和谦卑的恭敬。

历史的魅力在于细节。《左传》以《春秋》记事为纲叙事,既有《春秋》笔法的说明,又有对《春秋》经文的史实补充,还有《春秋》记事错误的校正。这种关系颇像《院刊》与《寺志》的关系,《院刊》所透露出的点滴细节即是对《寺志》鲜活而生动的说明。尽管这种说明的文采有华朴、义理有深浅、篇幅有长短、情节有详略，甚或有些出入舛谬，但无论欢喜还是无谓，无论迷茫还是坚守，无论争执还是妥协，都使一幕幕鲜活的情景从《寺志》遥远的记忆里跳脱出来，栩栩如生地展现在我们面前，也正是这点点滴滴的细节，还原、拼凑出一个近乎完整的真相，不断勾起我们内心的亲切、好奇、惊讶、刺激乃至震撼，并使我们得以紧紧地将历史与现实联系起来。现实往往以历史作为其坐标，在历史与现实的对比、叠合之下，我们才有可能理解历史的真相和当下的处境。这或许就是几十年后的今天我们还关注《院刊》的意义所在。

主要参考文献

牧田谛亮:《策彦入明记の研究》,京都法藏馆 1959 年版。

陈寥士:《七塔寺志》,中华佛教出版社、百通(香港)出版社 2004 年版。

严耀中:《中国东南佛教史》,上海人民出版社 2007 年版。

宁波佛教协会:《宁波佛教志》,中央编译出版社 2007 年版。

黄夏年、贾汝臻:《七塔寺人物志》,宗教文化出版社 2008 年版。

方立天:《中国佛教与传统文化》,人民大学出版社 2012 年版。

张驭寰:《图解中国佛教建筑》,当代中国出版社 2012

年版。

楼宇烈：《宗教研究方法讲记》，北京大学出版社2013年版。

傅亦民：《宁波宗教建筑研究》，宁波出版社2013年版。

麻天祥：《中国的佛教》，东方出版社2016年版。

可祥主编：《栖心伽蓝史料集》，上海古籍出版社2023年版。

可祥主编：《栖心图书馆聚珍辑刊》（第一辑），上海古籍出版社2020年版。

可祥主编：《栖心图书馆聚珍辑刊》（第二辑），上海古籍出版社2023年版。

后记

2013年初，我还在中国人民大学读博，经张凯博士介绍，与宁波七塔寺方丈可祥法师结缘，并且有幸与他共同学习英语长达两年。这一年夏，他带我来到宁波，在七塔寺小住二十余天，与庙里的法师同吃、同住、同上早晚课。其间走访了雪窦寺、阿育王寺、天童寺，以及天台山国清寺等寺院，于书本之外对佛教文化有了更为直观的感受和体验。这也是我第一次来到浙江，领略到东南风物，现在想来都深感因缘殊胜，不可思议。此后，可祥法师不止一次非常认真也非常诚恳地建议我，毕业后去浙江工作。顺着他的指点，2015年6月毕业后我落在了嘉兴。

嘉兴、宁波，江北、江南，虽无宋远之叹，但每逢节假日，茕茕孑立，形影相吊，七塔寺就成了我最为亲近的寄托。2016年国庆我去庙里，和可祥法师相谈甚欢。晚上下着细雨，我们还是像在学校一样，在报恩图书馆看书自修，凝心默坐之际，只听到窗外滴滴答答的雨声。忽然，可祥法师抬起头来，说："白博士，庙里正在策划写作《七塔寺史话》。我考虑了很久，希望请你来主笔，你看可以吗？"

我心里一惊。作为七塔寺的常客，我见证了七塔寺近年来的变化。2013年我初来七塔寺，寺院中轴建筑尽管清净庄严，但西侧还是一片在建工地，物料堆积，而东侧则是一片废墟，满目萧索。弹指三年过去，西侧建成了现代化的专业图书馆、学术大讲堂、地下停车场和禅堂，而东侧则变成了清净雅致的四合院，四季花草繁茂，较之当初已不可同日而语。世出世法，一而不异，我宁愿相信这是世间最大的神通。佛门一粒米，大如须弥山，我来七塔寺多回，吃庙里的米真的数都数不过来了，所以发自真心的，也想尽一己之绵薄之力，为七塔寺做些事情。

但另一方面，我又很犹豫，因为不论是专业素养还是写作技巧，我都没有把握能够胜任，所以当时并没有应允，只说考虑考虑再做答复。第二天，张凯和我，带着他可爱的儿子，在蒙蒙细雨中，一起去阿育王寺瞻仰佛顶舍利。我想我一定是受到了佛祖的加持而有了勇气，因为回来后我竟贸贸然应接了下来。

就这样，带着一大包资料，我回到了嘉兴。其时我正借调在嘉兴市委组织部"两学一做"办公室，所有资料的阅读、梳理，提纲的确定以及内容的写作，几乎全是在工作之余锱铢积累地完成的。书稿修改过几次，现在还是有许多不满意的地方。我必须坦白，在写作的过程中我曾经避重就轻，对于一时间难以找到佐证的事件和人物，如元朝净珠法师，做了大而化之的处理。另外，许多微言大义的楹联，因为学养所限，我也避免在文中提及和解读。这样的讨巧，实在有负请托，愧何如之！聊以自慰的是，写作的过程中我保持了最大限度的真诚和恭敬，所写内容也是出于自己多年来学习佛教知识的切身体验。一个人的能力无足夸耀的时候，态度或许是唯一可以用来解嘲的了。

可祥法师宝相庄严，人品贵重。我与他相知有年，从未看到他疾言厉色，总是见他进退有据，宠辱不惊，与之相对，真有如沐春风之感。可祥法师长我九岁，他不端架子，这让我敢用"平生风义兼师友"形容我们的关系。在这本小书即将付梓之际，我想特别感谢他。我从小自卑，他的信任和鼓励是我坚持写完这本小书的最大动力。

白玉凯

2018年1月于七塔寺报恩图书馆

修订版后记

七塔寺长期秉持"文化兴寺"的发展战略,《七塔寺史话》出版以来,七塔寺又陆续发现、整理了一些新的文献资料,并最终以《栖心伽蓝史料集》《栖心图书馆聚珍辑刊》(第一辑)、《栖心图书馆聚珍辑刊》(第二辑)之名结集出版。就与七塔寺相关的内容来说,这些资料有不少珍贵的发现,如物初大观的《栖心寺建御书阁并置田疏》、明人游览七塔寺的诗歌、周文学募化上海、来马琢道的相关记录、新中国成立初七塔寺的样貌、任景求平生简历、溥常法师传戒的盛况,等等。此次再版对这些发现都做了补充。此外,除了错别字句的更正和个别段落的调整之外,还补充了第一版以来笔者所写的三篇相关论文,更新了部分图片,增补了1935年和2024年的平面图,以便读者对七塔寺近百年间的变化形成一个直观的印象。

  《七塔寺史话》出版后，一些不具名读者以及《嘉兴日报》记者王晓玲、家父白建辉等人均先后予以勘误；此次再版，《报恩》编辑部张陈慧老师做了大量烦琐细致的核查校对工作。他们的努力让本书避免了许多不必要的错误，真诚感谢他们的付出，依然可能出现的错误则由我本人负责。

白玉凯
2024 年 4 月 15 日

图书在版编目(CIP)数据

七塔寺史话 / 白玉凯著. -- 修订本. -- 上海：上海社会科学院出版社，2024. -- ISBN 978-7-5520-4575-8

Ⅰ.B947.255.4

中国国家版本馆CIP数据核字第2024N3S513号

七塔寺史话(修订版)

著　　者：白玉凯
封面题字：可　祥
责任编辑：董汉玲
封面设计：杨晨安
出版发行：上海社会科学院出版社
　　　　　上海顺昌路622号　邮编200025
　　　　　电话总机021-63315947　销售热线021-53063735
　　　　　https://cbs.sass.org.cn　E-mail:sassp@sassp.cn
照　　排：南京理工出版信息技术有限公司
印　　刷：上海万卷印刷股份有限公司
开　　本：889毫米×1194毫米　1/32
印　　张：9.375
插　　页：28
字　　数：180千
版　　次：2024年11月第1版　2024年11月第1次印刷

ISBN 978-7-5520-4575-8/B·540　　　　　　　　定价：78.00元

版权所有　翻印必究